Kerngesund genießen

Kochen mit Getreide und Nüssen

Ob Trennkost oder Vollwertkost, Low Fat oder GLYX: Alle ernährungswissenschaftlich fundierten Leitlinien für eine gesunde und ausgewogene Ernährung haben eines gemeinsam: Ihre Wertschätzung für vollwertiges Getreide und Nüsse. Sie machen satt und enthalten wertvolle Vitalstoffe, zumindest wenn das ganze Korn Verwendung findet. Ich will Sie in diesem Buch mit der Vielfalt und dem herzhaften und feinen Geschmack von Getreidesorten und Nüssen aus aller Welt vertraut machen. Erleben Sie mit mir, wie überraschend und abwechslungsreich man mit diesen kerngesunden Lebensmitteln kochen kann.

Vor allem Getreide hatte schon immer einen hohen Stellenwert. Es steht sogar im engen Zusammenhang mit der Kulturgeschichte der Menschheit: Als Jäger und Sammler vor etwa 10.000 Jahren sesshaft wurden und begannen Ackerbau zu betreiben, entstanden auch die ersten Hochkulturen. In den Mythen und Legenden vieler Völker gilt Getreide als Symbol für Ernährung und Fruchtbarkeit, als Geschenk der Götter. Zu Ehren der Göttin Demeter, die den Griechen die Feldfrüchte brachte, feierten die Frauen Athens das Fruchtbarkeitsfest. In Ägypten dankte man für das Getreide dem Sonnengott Ra. Die Azteken verehrten eine Maisgöttin und die Ureinwohner Mittel- und Südamerikas brachten ihren Göttern Opfergaben aus Amaranth, ihrem Getreide, einst kostbarer als Gold. Aus China wird schon vor mehr als 5.000 Jahren von heiligem Getreide wie Weizen, Reis, Hirse und Gerste berichtet. »Der besten Dinge Bestes ist das Brot«, sagt ein altes indisches Sprichwort.
Noch vor der Eisenzeit erreichte Roggen als kleinasiatisches Geschenk den Norden Europas und verbreitete sich ebenso wie Einkorn, Dinkel und Emmer, die Urform des Weizens. Dass Getreide zu unserem wichtigsten Lebensmittel avancierte, resultiert aus verschiedenen praktischen und wirtschaftlichen Vorzügen: Der Anbau lässt sich kostengünstig und im großen Stil durchführen, Lagerung und Transport bereiten keine Schwierigkeiten. Getreide ist preiswert und aus ernährungsphysiologischer Sicht sehr hochwertig: Neben Kohlehydraten und Protein liefert es Fett, Vitamine besonders der B-Gruppe, Vitamin E und viele Mineralstoffe, besonders Kalium, Magnesium und Eisen. Der Anteil an Ballaststoffen ist beträchtlich. Eiweiß, Vitamine, Mineral- und Ballaststoffe kommen vorwiegend in den dunkleren Randschichten vor, während sich das Fett in Form von ungesättigten Fettsäuren und die übrigen Vitamine im Keimling befinden. Der weiße Mehlkern des Getreidekorns besteht aus Kohlehydraten, also Stärke. Mit etwa 85 Prozent Nähr- und Vitalstoffen und nur etwa 15 Prozent Wasser hat Getreide eine enorme Dichte an Nährstoffen. Die biologische Wertigkeit von Getreideeiweiß wird noch erhöht, wenn man bei der Zubereitung mit anderen Produkten kombiniert, zum Beispiel Milch, Milcherzeugnissen, Hülsenfrüchten, Nüssen, grünem Blattgemüse oder milchsaurem Gemüse.

Jedes Getreide hat seinen eigenen Charakter in Geschmack, Nährwert und Verwendbarkeit. Man kann das volle Korn verwenden oder Getreideschrot und Mehl herstellen. Um die hochwertigen Nährstoffe zu erhalten, empfiehlt es sich, das Getreide erst vor Gebrauch frisch zu mahlen. Dafür lohnt sich die Anschaffung einer Getreidemühle. Zwar etwas teurer, aber zweckmäßiger und zeitsparender als eine von Hand betriebene Mühle ist die elektrische Variante. Hier stehen Mahlwerke aus Stein, Stahl oder Keramik zur Auswahl. Fetthaltiges Getreide wie Hafer lässt sich nur mit Stahl- und Keramikmahlwerken verarbeiten. Stahlkegelmahlwerke sind robust und genügen mit einer stufenlosen Einstellung von grobem Schrot bis zu feinem Mehl allen Anforderungen. Bei der Auswahl der Getreidemühle sollte man sich gut beraten lassen. Wichtig ist zum Beispiel die Frage nach der Mahlleistung: Einige Mühlen schaffen 40, andere 150 Gramm Mehl pro Minute. Auch die praktische Handhabung, der Platzbedarf, die Belastbarkeit, die Überlastungssicherung, die Reinigungsmöglichkeit sowie die stufenlose Markierung der Feineinstellung sollten Beachtung finden. Wer keine eigene Mühle besitzt, kann sein Getreide in den meisten Naturkostläden und Reformhäusern mahlen lassen.

Für einige Getreidesorten, besonders für Hafer, eignet sich auch eine Kornquetsche. Bei dieser Methode wird das Korn zu Flocken gequetscht. Alle Vitalstoffe bleiben erhalten, Koch- und Einweichzeiten reduzieren sich.

Will man das ganze Korn verarbeiten, kann die Garzeit durch Einweichen verkürzt werden. Die Körner werden weicher, wenn man sie einige Stunden in kaltem Wasser quellen lässt. Getreidekörner, die etwas Feuchtigkeit enthalten, können im Backofen bei etwa 70 °C und leicht geöffneter Tür auf einem ungefetteten Backblech getrocknet oder gedörrt werden. Das gilt auch für Schrot und Flocken. Das Trockengut nimmt eine leicht gelbliche Farbe an und bekommt einen aromatischen, nussartigen Geschmack.

Beim Einkauf von Getreide sollte man prüfen, ob es gereinigt worden ist. Am besten aber sortiert man vor dem Mahlen eventuell vorhandene Steinchen, Verunreinigungen und das Mutterkorn aus. Unter Mutterkorn versteht man ein durch Pilzbefall verändertes Korn, das hauptsächlich im Roggen vorkommt. Da es schwarz und größer ist als das normale Korn, kann man es gut erkennen. In bestimmten Mengen wirkt das Mutterkorn giftig. Selbstverständlich sollte man nur so viel Getreide und Nüsse kaufen, wie man in kürzerer Zeit verbrauchen oder Wert erhaltend lagern kann. Getreide lässt sich in einem luftigen Sack an einem kühlen, trockenen Ort, aber auch in einer Holzkiste lagern. Dabei sollte man das Getreide von Zeit und Zeit durchrühren, so bleibt es von Schimmel und Ungeziefer frei.
Neben Getreide stecken auch Nüsse und Kerne voll gesunder Vitalstoffe. Dank ihrer Schalen besitzen sie eine ausgezeichnete Lagerfähigkeit und stehen so das ganze Jahr über zur Verfügung. Da sie von Natur aus den Grundstock für neues pflanzliches Leben bilden, enthalten sie Substanzen, die auch die menschliche Ernährung durch Eiweiß, ungesättigten Fettsäuren, Vitaminen, besonders A, E, B1 und B2 sowie Mineral- und Ballaststoffen bereichern. Nüsse und Kerne vervollkommnen Gelee, Mus, Pesto, Kuchen, Gebäck und Aufläufe, ja sogar Fleisch- und Fischgerichte. Um möglichst alle Vitalstoffe zu erhalten, sollten Nüsse und Kerne nach Möglichkeit in der Schale gekauft werden. Bereits geschält verlieren sie schnell an Qualität und werden mit der Zeit ranzig. Zur Vorbeugung werden sie oft gesalzen oder chemisch konserviert. Auch Nüsse mit Schalen können behandelt sein, was man an der sauberen, hellen Farbe erkennt. Nüsse und Kerne sollten kühl, trocken und dunkel aufbewahrt werden.

Ich wünsche Ihnen Anregung und Spaß beim Kochen und guten Appetit!

Ihre Renate Kissel

1. Sonntagsfrühstück und Brunch

Hafer

Hafer war schon vor mehr als 3000 Jahren in Mittel- und Nordeuropa bekannt. Es gibt zwei Arten, den Spelzhafer und den Nackthafer. Nackt- oder Sprießkornhafer ist eine spelzfreie Züchtung, die sich gut zum Keimen eignet. Von allen Getreidearten hat er den größten Eiweiß- und Fettgehalt einschließlich der essentiellen Linolsäure. Wegen des Fettgehalts kann er leicht ranzig werden und einen bitteren Geschmack annehmen. Daher wird er vor der Verarbeitung zu Flocken oder Grütze gedarrt. Das erhöht den nussartigen Geschmack. Alle diese Produkte stellen mit ihrem hohen Anteil an Vitaminen und Mineralstoffen eine Kraftnahrung dar und sind sehr gut bekömmlich, besonders als wichtige Ergänzung der Ernährung für Säuglinge und Kleinkinder. Zum Kuchenbacken ist Hafer nicht so geeignet, weil dieser kein Klebereiweiß enthält. Flache Kuchen und Kekse schmecken jedoch sehr herzhaft.

Hafer-Frischkornmüsli

Zutaten für 4 Portionen

- 175 g Hafer
- 50 g Walnüsse
- 2 Äpfel, Bioware
- 2 Bananen
- 500 g Joghurt, 3.5 % Fettgehalt
- 2–3 EL Ahornsirup

Den Hafer grob schroten und mit 250 ml abgekochtem Wasser übergießen. Abgedeckt über Nacht im Kühlschrank quellen lassen.

Am nächsten Tag die Walnüsse hacken. Die Äpfel waschen, das Kerngehäuse ausstechen und die Früchte würfeln. Die Bananen abziehen und in Scheiben schneiden.

Den gequollenen Hafer mit Joghurt und Ahornsirup vermischen. Die Hälfte der Früchte unterziehen. Das Müsli auf 4 Schalen verteilen, mit den restlichen Früchten garnieren und mit den Walnüssen bestreut sofort servieren.

Porridge mit Avocados und Erdbeeren

Zutaten für 4 Portionen

- 80 g Haferflocken
- 250 g Erdbeeren
- 2 weiche Avocados
- Saft 1/2 Limette
- Zucker nach Geschmack
- Salz
- 2 EL gehackte Pistazienkerne

Die Haferflocken mit 1/2 Liter Wasser in einen Topf geben und bei mäßiger Temperatur einige Minuten kochen lassen, vom Herd nehmen.

Die Erdbeeren waschen, trocken tupfen und halbieren. Die Avocados schälen, das Fruchtfleisch zerdrücken und mit dem Limettensaft zu dem Haferbrei geben. Mit Zucker und Salz abschmecken.

In Schälchen füllen, mit Erdbeeren garnieren und mit Pistazienkernen bestreut servieren.

Tipp für die Kleinen: Frischmilch mit Vollkornhafer-Schmelzflocken kurz aufkochen und mit pürierter Banane und Möhrensaft verrühren.

Brotaufstriche

speziell für Veganer

Zutaten für 4 Portionen

- 150 g Sechskorn-Getreidemischung (Sprießkornweizen, Sprießkornroggen, Sprießkornhafer, Sprießkorngerste, Hirse und Buchweizen)

Für Brotaufstrich 1:

- 3 EL Sojasauce
- 2–3 EL Sesamöl
- nach Belieben 1 EL Sesamsamen

Für Brotaufstrich 2:

- 125 g weicher Tofu, vorzugsweise Seidentofu
- 20 g frisches Koriandergrün
- 1–2 EL Weizenkeimöl oder Sesamöl
- 1–2 EL Sojasauce
- Meersalz

Für Brotaufstrich 3:

- 30 g Fruchtzucker
- 2 Msp. Safran

Das Getreide sehr fein mahlen oder im Reformhaus erledigen lassen. 300 ml Wasser mit dem Getreide in einen Topf geben und unter Rühren aufkochen. Vom Herd nehmen, etwas abkühlen lassen und in drei Schälchen verteilen.

In das erste Schälchen die Sojasauce und das Sesamöl geben und verrühren. Den Sesamsamen in einer trockenen Pfanne leicht rösten und darüber streuen.

Für das zweite Schälchen den Tofu pürieren. Den Koriander waschen, trocken tupfen, die Blättchen von den Stielen zupfen und hacken. Einige Blättchen für die Garnitur aufbewahren. Tofu, Koriander, Weizenkeimöl, Sojasauce zu der Getreidemischung geben und verrühren. Mit Meersalz abschmecken und mit Korianderblättchen garnieren.

In das dritte Schälchen Fruchtzucker und Safran geben, gut verrühren.

Die drei Schälchen hübsch angeordnet auf einem kleinen Tablett zusammen servieren.

Sechskorn-Getreidemischungen

verschiedener Hersteller stellen ein ernährungsphysiologisch wertvolles Lebensmittel dar. Die Zusammensetzung der Nährwerte der einzelnen Getreidearten wie beispielsweise Sprießkornweizen, -roggen, -hafer, -gerste sowie Hirse und Buchweizen ergänzen einander hervorragend.

Walnüsse

auch welsche Nüsse, die zur Familie der Steinfrüchte zählen, stammen ursprünglich aus Südasien. Der Walnussbaum wird bis zu 25 Meter hoch und kann 400 Jahre alt werden. Walnüsse kommen im Herbst auf den Markt. Gute Qualitäten lieferr u. a. Frankreich, Italien und Kalifornien sowie Türkei, Libanon und Chile. Beim Einkauf sollte man darauf achten, dass die Schalen trocken und unbeschädigt sind. Bereits geschälte Walnüsse müssen sich hart anfühlen und dürfen nicht verschrumpelt aussehen.
Zur Aufbewahrung sollten Walnüsse vor Licht, Luft, Wärme und Feuchtigkeit geschützt werden, da sie sonst ihr Aroma verlieren und wegen des Fettgehaltes schnell ranzig werden. Verpackt in eine Plastiktüte, legt man sie am besten in den Kühlschrank. Tief gefroren können sie bis zu einem Jahr gelagert werden. Walnüsse enthalten wichtige Mineralstoffe wie Kalium, Magnesium, Calcium, Phosphor, Eisen und Kupfer sowie viele Vitamine wie B1, B2, B6 und Folsäure. Damit sind sie sehr gesund. Schon ein paar Nüsse täglich stärken die Nerven und senken den Cholesterinspiegel.

Quitten-Walnuss-Mus

Zutaten für 4 Portionen

- 1 Stück Ingwer, etwa 30 g
- 650–700 g Quitten, etwa 3 Stück
- 1/2 Liter Apfelsaft
- 2 Zimtstangen
- 4 Stück Sternanis
- 125 g Walnusskerne
- 550–600 g Gelierzucker 2:1

Den Ingwer schälen und in Scheiben schneiden. Die Quitten waschen und mit Apfelsaft, Ingwer, Zimtstangen und Sternanis in einen Topf, möglichst einen Schnellkochtopf, geben. Den Topf verschließen und etwa 15 Minuten kochen lassen.

Zimtstangen und Sternanis entfernen. Die Quitten in ein Drehsieb (Flotte Lotte) geben und durchdrücken.

Das Fruchtpüree mit Saft zurück in den Topf füllen. Die Walnusskerne und den Gelierzucker zufügen. Unter Rühren 3 Minuten oder je nach Vorschrift des Zuckerherstellers kochen lassen.

In saubere, trockene Gläser füllen und sofort verschließen.

Tipp: Die Menge des Gelierzuckers richtet sich nach dem Gewicht des Fruchtpürees einschließlich Saft. Z. B. Fruchtpüree einschließlich Saft = 1200 g. Davon 600 g Gelierzucker 2:1. Diese Menge ergibt etwa 4 Gläser zu 450 g Inhalt. Bei Verwendung eines normalen Kochtopfs erhöht sich die Kochzeit auf etwa 35 Minuten, je nach Reife der Früchte.

Fruchtige Walnusssauce

Zutaten für 4 Portionen

- 150 g Rhabarber
- 125 g Erdbeeren
- 50 g Walnusskerne
- 60 g brauner Rohrzucker
- 1–2 El Limettensaft
- 175–200 ml Orangensaft
- 2 Sternanis
- 1–2 El Vanillezucker

Rhabarber und Erdbeeren waschen und putzen. Beides in kleine Stücke schneiden. Die Walnusskerne vierteln.

Den Rohrzucker in einem Topf leicht karamellisieren lassen. Mit Limetten- und Orangensaft ablöschen. Gut rühren und den Rhabarber sowie den Sternanis zufügen. Etwa 5 Minuten köcheln lassen, dann Erdbeeren und Walnusskerne hinein geben. Weitere 5 Minuten bei mäßiger Temperatur kochen lassen und mit Vanillezucker abschmecken. Nach dem Erkalten den Sternanis entfernen.

Tipp: Mit Walnuss- oder Vanilleeis servieren. Diese fruchtige Sauce passt außerdem zu Grießflammeri oder in Verbindung mit Müsli.

Granatapfelgelee mit Paranüssen

Zutaten für 1 Glas etwa 375 ml

- 30 g Paranusskerne
- 1 Granatapfel
- 75 ml Rotwein
- 1 – 1 1/2 EL roter Balsamicoessig
- 100 g Gelierzucker 2:1
- 2 TL rote Pfefferkörner

Die Paranüsse hacken. Die Kerne des Granatapfels herausschaben und den Saft auffangen. Beides mit Paranüssen, Rotwein, Balsamicoessig, Gelierzucker und roten Pfefferkörnern in einen hohen Topf geben. Laut Vorschrift des Herstellers etwa 3 Minuten kochen lassen.

In ein vorbereitetes Glas füllen, zuschrauben und 10 Minuten auf den Kopf stellen, damit die Kerne sich verteilen können.

Tipp: Dieser Granatapfelgelee passt ausgezeichnet zu Backschinken, Entenbrust oder Roastbeef.

Frühstückskuchen

Zutaten für 1 Kastenform von 10 x 17 cm

- 60 g Paranusskerne
- 60 g Butter
- 60 g braunen Rohrzucker
- 1 Ei
- 60 g Magerquark
- 1–2 Msp. gem. Zimt
- 120 g Dinkel- oder Weizenvollkornmehl
- 1 TL Backpulver
- etwa 60 ml Milch

- 10 g Butter und 10 g Mehl für die Form

Die Paranusskerne hacken. Die weiche Butter mit dem braunen Rohrzucker schaumig rühren. Das Ei zufügen, ebenso Quark, Paranüsse und Zimt. Das Dinkelvollkornmehl mit dem Backpulver mischen und unterziehen. Die Milch zufügen.

Den Backofen auf 185 °C Ober- und Unterhitze vorheizen. Die Kastenform mit Butter einfetten und mit Mehl bestäuben; überschüssiges Mehl ausklopfen. Den Teig einfüllen und im Backofen für etwa 35 Minuten auf der 2. Einschubleiste von unten backen.

Nach der Garprobe aus dem Ofen nehmen und 5 bis 10 Minuten ruhen lassen, dann stürzen. Nach dem völligen Auskühlen in Scheiben schneiden und auf einer Platte anrichten.

Paranüsse,

benannt nach dem Bundesstaat Pará in Brasilien. Brasilnüsse, -kastanien, Amazonenmandeln, Juvianüsse oder Tucanüsse, sind die Steinfrüchte des Brasilnussbaumes, der im tropischen Südamerika beheimatet ist. Die der Kokosnuss ähnlichen Fruchtkapseln von 1 bis 2 kg Gewicht enthalten etwa 15 bis 30 längliche, dreikantige braune Paranüsse. Die wohlschmeckenden, stark ölhaltigen, mandelartigen Kerne besitzen einen feinen, leicht süßen Geschmack. Sie sind ein beliebter Snack und passen, gehackt oder gerieben, zu Süßspeisen und Gebäck.

Tipp: Paranüsse ohne Schale sollten in einem geschlossenen Behälter im Kühlschrank aufbewahrt werden.

Macadamianüsse

wurden Ende des 19. Jahrhunderts von Dr. John McAdam in Australien entdeckt. Seitdem gehören sie mit ihrem mandelähnlich sahnigen Geschmack zu den wertvollsten Nüssen. Wegen der großen Nachfrage werden sie inzwischen auch auf Hawai, Südkalifornien sowie Süd- und Mittelamerika und in einigen subtropischen Regionen angebaut. Macadamianüsse enthalten kein Cholesterin, aber wertvolle Mineralstoffe sowie Vitamine und zählen zu den edelsten Nüssen überhaupt. Sie verfeinern Cremes, Gebäck und Speiseeis. Frische Nüsse werden Vakuum verpackt, geröstet und gesalzen in Dosen angeboten. Ihre Lagerung sollte in verschlossenen Behältern kühl und trocken erfolgen.

Pesto mit Macadamianüssen

Zutaten für 4 Portionen

- 2 Eier
- 1 gelbe Paprikaschote, etwa 100 g
- 100 g geröstete, gesalzene Macadamianüsse
- 40 g geriebener Grana Padano oder Parmesan
- Salz
- frisch gemahlener weißer Pfeffer

Die Eier hart kochen, abschrecken, pellen und die Eigelbe herausnehmen. Die Paprikaschote waschen, trocken tupfen, Stielansatz, Scheidewände und Samen entfernen. Mit den Macadamianüssen pürieren.

Grana Padano und das zerdrückte Eigelb zufügen. Mit wenig Salz und Pfeffer würzen.

Pesto aus Brennnesseln und Macadamianüssen

Zutaten für 4 Portionen

- 200 g junge Brennnesseln
- 100 g Macadamianüsse
- 6 EL Olivenöl
- 100 g Crème fraîche
- Salz
- Frisch gem. schwarzer Pfeffer
- Nach Belieben 1/2 TL brauner Rohzucker

Die Brennnesseln waschen, trocken schleudern und die Blättchen von den Stielen zupfen. Die Macadamianüsse hacken.

Brennnesseln mit dem Olivenöl pürieren, Macadamianüsse und Crème fraîche unterrühren. Mit Salz, Pfeffer und braunem Rohrzucker gut abschmecken.

Pesto mit Pistazien

Zutaten für 4 Portionen

- 1 Staude Pak-Choi, ersatzweise Mangold, etwa 180 g
- 3 EL Sonnenblumenöl
- 60 g Pistazienkerne
- Salz
- 1 Msp. Macis

Pak-Choi waschen, trocken tupfen und in Stücke schneiden.

Das Öl in einem Topf erhitzen und Pak-Choi einige Minuten unter Rühren andünsten. Vom Herd nehmen und mit 50 g Pistazien pürieren. Mit Salz und Macis abschmecken. Die restlichen Pistazien hacken und das Pesto damit bestreuen.

Gratinierte Häppchen

Zutaten für 4 Portionen

- 100 g in der Schale geröstete, gesalzene Pistazien (Fertigprodukt)
- 250 g Quark, 10 % Fettgehalt
- 75 g Blauschimmelkäse
- Salz
- frisch gem. schwarzer Pfeffer
- 10 Baguettescheiben

Die Pistazienkerne aus der Schale nehmen und hacken. Quark, Blauschimmelkäse und Pistazienkerne mit dem Mixstab pürieren. Die Kerne sollen nicht gänzlich zerkleinert sein. Vorsichtig mit Salz und Pfeffer würzen. Den Grill vorheizen.

Die Baguettescheiben mit der Käsecreme bestreichen und einige Minuten unter den Grill stellen. Warm oder kalt servieren!

Pistazien,

Pistazienmandeln, grüne Mandeln, oder auch Pimpernüsse, die hellgrünen Steinfrüchte des Pistazienbaums, kommen aus der östlichen Mittelmeerregion und vor allem aus Sizilien. Vom Handel werden sie verpackt, roh, geröstet und leicht gesalzen oder ungeröstet ohne Schale ganz oder gehackt angeboten. Die hellgrünen Fruchtkerne besitzen einen milden, mandelartigen, süßen Geschmack. Gehackt oder geraspelt bilden sie eine farbgebende Zutat in Pasteten, Fleischfüllungen, Wurst, (Mortadella), Pilaws, Nudel- und Reisgerichten sowie Süßspeisen, feinem Gebäck und Eis. Besonders beliebt sind sie zum Garnieren. Die Lagerung sollte in verschlossenen Behältern kühl und trocken erfolgen.

Reisblatt-Lasagne

Zutaten für 4 Portionen

- 600 g Kürbis, vorzugsweise Moschuskürbis nach dem Putzen 500 g
- 1 Zwiebel
- 1 kleine rote Chilischote
- 100 g Shiitake-Pilze
- 1 Stück frischer Ingwer, etwa 15 g
- 30 g Schnittknoblauch, möglichst mit weißen Blüten
- 3 EL Erdnuss- oder Sojaöl
- 100 ml Gemüsebrühe
- Salz
- frisch gemahlener schwarzer Pfeffer
- abgeriebene Muskatnuss
- 20–25 g Reismehl
- 4 runde Reisblätter von 22 cm Durchmesser
- 2–3 EL Kokosraspel

Für die Sauce:

- 45 g Butter
- 45 g Mehl, Type 405 oder 550
- 175 ml Milch
- 400 ml Kokosmilch, Dose

Den Kürbis schälen, Fasern und Kerne entfernen und in Stücke schneiden. Die Zwiebel abziehen und hacken. Die Chilischote aufschneiden, von Kernen und Zwischenwänden befreien und in winzige Stücke schneiden. Die Shiitake-Pilze putzen, die harten Stiele entfernen und die Hüte feinstreifig schneiden. Den Ingwer schälen und fein hacken. Den Schnittknoblauch waschen und in kleine Röllchen schneiden.

Das Erdnussöl in einem Topf erhitzen. Den Kürbis darin andünsten. Nach einigen Minuten, Zwiebel, Chilischote und Ingwer zufügen. Kurz weiterdünsten und mit der Gemüsebrühe ablöschen. Abgedeckt 15 Minuten köcheln lassen, bis der Kürbis weich ist und sich mit einer Gabel zerdrücken lässt. Die Shiitake-Pilze und den Schnittknoblauch zufügen und mit Salz, Pfeffer und Muskatnuss würzen. Weitere 5 Minuten kochen. Das Reismehl mit 2 Esslöffeln kaltem Wasser anrühren und zu dem Kürbispüree geben. Nach 3 Minuten vom Herd nehmen und abschmecken.

Für die Sauce die Butter in einem Topf erhitzen. Das Mehl hineinschütten und kurz durchschwitzen lassen. Unter Rühren die Milch angießen, dann die Kokosmilch dazu geben. Mit Salz und Pfeffer gut würzen. Bei mäßiger Temperatur und unter ständigem Rühren 5 Minuten köcheln lassen. Die Sauce sollte ziemlich dick sein.

Den Backofen auf 175 °C vorheizen. Ein Reisblatt für etwa 1 Minute in kaltes Wasser legen. In eine runde Quicheform etwas Sauce streichen, so dass der Boden benetzt ist. Das Reisblatt aus dem Wasser nehmen und auf Küchenpapier abtropfen lassen. Es sollte absolut trocken sein, dann auf die Sauce legen. Etwas Kürbismasse darauf verteilen, wieder die Sauce, eingeweichtes Reisblatt, Kürbismasse, Sauce usw. dazu geben, bis alles verbraucht ist. Die letzte Schicht sollte aus Sauce bestehen. Mit Kokosflocken bestreuen und im Backofen etwa 30 Minuten auf der 2. Einschubleiste von unten garen.
Die Reisblatt-Lasagne ist zunächst ziemlich breiig, erst nach längerem Stehen wird sie fester. Auch kalt ist sie ein Genuss.

Amaranth

war eine von den indianischen Hochkulturen Mittel- und Südamerikas sehr geschätzte Getreideart. Die kleinen kugeligen Körner von mild nussigem Geschmack sind reich an Eiweiß, Fett, Stärke, Mineral- und Ballaststoffen. Amaranth, das lange Zeit in Vergessenheit geraten war, wird heute wegen seiner hervorragenden Nährstoffzusammensetzung in Amerika aber auch in Ostasien wieder angebaut. Reformhäuser und Supermärkte bieten Amaranth als ganzes Korn, gemahlen, geflockt, geröstet und gekeimt an. Aus ihnen lassen sich viele schmackhafte Gerichte wie Müsli, Suppen, Aufläufe, Brot sowie herzhaftes und süßes Gebäck herstellen. In den Anbauländern werden die Blätter der Pflanze wie Spinat zubereitet.

Amaranth-Dinkelvollkornbrot

Zutaten für 1 Brot

- 100 g Amaranth
- etwa 350 g Dinkelvollkornmehl
- 30 g Hefe
- 1 TL Zucker
- 75 ml Milch
- 80–100 g Cashewnusskerne
- 4 EL Öl
- 1 Ei
- 2 1/2 TL Salz
- 1/2–1 TL Paprikapulver
- Butter oder Öl für das Backblech

300 ml Wasser zum Kochen bringen. Amaranth einstreuen, einmal durchheben und ohne weiteres Umrühren abgedeckt bei mäßiger Temperatur 40 bis 45 Minuten mehr quellen als kochen lassen. Das Wasser sollte anschließend verdampft sein; etwas abkühlen lassen.

Inzwischen das Dinkelvollkornmehl in eine Schüssel geben. In die Mitte eine Vertiefung drücken. Die Hefe hineinbröckeln, den Zucker zugeben und mit 75 ml warmer Milch zu einem Brei verrühren. Abgedeckt 15 bis 20 Minuten bei Zimmertemperatur stehen lassen, bis die Hefe aufgegangen ist.

Die Cashewnusskerne hacken und Amaranthbrei, Öl und Ei zufügen. Mit Salz und Paprikapulver würzen. Alles zu einem homogenen Teig verkneten. Abgedeckt 1 bis 2 Stunden gehen lassen.

Ein Blech mit Butter oder Öl einfetten. Den Backofen auf 185 °C Ober- und Unterhitze vorheizen. Den Teig zu einem Laib formen. Die Oberfläche dreimal schräg einritzen und nochmals 15 Minuten gehen lassen. In den Backofen für etwa 45 Minuten stellen.

Gewürzbrot

Zutaten für 1 Brot

Für die Würzmischung Dukkah:

- 25 g Sesam
- 15 g Sonnenblumenkerne
- 30 g gemahlene Haselnüsse
- 1 1/2 TL gemahlener Kreuzkümmel
- 1 TL gemahlener Koriander
- 1 TL gemahlener schwarzer Pfeffer
- 1 TL gemahlener Zimt

Für den Teig:

- 225 g Weizenvollkornmehl
- 20 g Hefe
- 1/2 TL Zucker
- 125 g Möhren, 1 1/2–2 Stück
- 2 Eier
- 50 g Butter
- 1 TL Salz

- 10 g Butter und 10 g Mehl für die Form

Für die Würzmischung Dukkah alle Zutaten in eine Pfanne geben und unter Rühren rösten, dann vom Herd nehmen.

Das Mehl in eine Schüssel geben. In die Mitte eine Vertiefung drücken. Die Hefe hineinbröckeln und den Zucker darauf streuen. Mit 75 ml warmem Wasser zu einem Brei rühren. Abgedeckt etwa 15 Minuten bei Zimmertemperatur gehen lassen.

Inzwischen die Möhren waschen, putzen und fein reiben. Möhren, Eier, weiche Butter, Salz und die Gewürzmischung zu dem Vorteig geben und verkneten. Abgedeckt weitere 30 Minuten ruhen lassen.

Den Backofen auf 190 °C Ober- und Unterhitze vorheizen. Eine Königskuchenform von 22 cm Länge mit Butter einfetten, Mehl bestäuben, das überflüssige Mehl wieder ausklopfen.

Den Teig einfüllen, 10 Minuten ruhen lassen und in den Backofen für etwa 40 Minuten geben.

Weizenbiersuppe

Zutaten für 4 Portionen

- 100 g Weizenbrot
- 3/4 Liter Gemüsebrühe
- 40 g Butter
- 25 g Weizenmehl, Type 405
- 1/4 Liter Weizenbier
- 150 ml Sahne
- Salz, 1 TL Zucker
- 2 Msp. Piment
- 20 g geriebener Parmesan
- 1 Eigelb, 20 g Pistazien

Das Brot in Stücke brechen und mit heißer Gemüsebrühe übergießen, dann pürieren.

Die Butter in einem Topf zerlassen. Das Mehl einstreuen und unter Rühren durchschwitzen lassen. Mit dem Weizenbier ablöschen. Die Brotmischung zugeben und 10 Minuten köcheln lassen. Die Sahne angießen und mit Salz, Zucker sowie Piment gut abschmecken. Den Parmesan unterrühren, mit dem Eigelb legieren und mit gehackten Pistazien bestreut servieren

Weizen

gibt es in 2 Arten, als Hart- und Weichweizen. Der Hartweizen gedeiht überwiegend in warmen, trockenen Regionen. Er hat einen geringen Eiweißgehalt, dafür ist der Kohlenhydratanteil höher. Er eignet sich daher weniger zum Backen, als vielmehr zur Grieß- und Teigwarenherstellung. Der Weichweizen, der auch im gemäßigten Klima angebaut wird, besitzt einen hohen Eiweißgehalt. Genau genommen zwei wertvolle Eiweißkomponenten in einem günstigen Verhältnis – Gliadin und Glutenin, die mit Wasser den so genannten Kleber ergeben. Damit sind seine Backeigenschaften die besten aller Getreidesorten. Weizen besitzt einen hohen Gehalt an Eisen, Kalium, Phosphor und Magnesium sowie Vitaminen B 1, A und E. Der Fettgehalt ist gering, der Geschmack mild.

Bei fast allen Früchten und Körnern liegen die wertvollsten Bestandteile direkt unter der Schale und im Keim. So ist verständlich, dass Weizenvollkornmehl einen höheren Nährwert besitzt als Mehl mit einem niedrigen Ausmahlungsgrad. Je höher dieser ist, desto höher ist der Nährstoffgehalt des Mehls. Auf der Verpackung ist dies an der Typenbezeichnung zu erkennen. Je höher die Zahl desto reicher ist das Mehl an Nährstoffen. So findet man neben der Type 405, dem gängigen weißen Weizenmehl, die Type 550 und die Type 1050 sowie die Typen 1600 und 1700 (Schrot). Diese Zahlen zeigen in etwa an, wie viel Milligramm Mineralstoffe in 100 Gramm Mehl enthalten sind. Weizenvollkornmehl hat keine Typenbezeichnung, denn es wird das volle Korn zu Mehl gemahlen. Im Aussehen ist dieses Mehl etwas dunkler, sein Geschmack leicht nussähnlich.

Tipp: Weizenvollkornmehl ist nicht so lange lagerfähig wie ausgemahlenes Mehl. Daher sollte bei Gebrauch der Weizen immer frisch gemahlen werden. Hat man keine kleine elektrische Mühle zu Hause, sollte man ihn im Naturkostladen oder Reformhaus frisch mahlen lassen. Das Getreide muss kühl und trocken, nicht im Kühlschrank, aufbewahrt werden. So gelagert hält sich das Mehl einige Monate. Um die Frische zu prüfen, übergießt man etwas Mehl mit etwas kaltem Wasser. Riecht es nicht muffig und schmeckt es nicht ranzig, kann das Mehl zum Backen verwendet werden.

Ägyptischer Kamut-Fladen

Zutaten für 1 Fladen

- 100 g Kamutvollkornmehl
- 80 g Weizenmehl, Type 405
- 2 TL Trockenhefe
- 3 EL Olivenöl, ersatzweise ein anderes Öl
- 1 EL saure Sahne
- 1 TL Salz
- 10 g Butter für das Blech

Die beiden Mehlsorten mit Hefe und 100 ml Wasser vermischen. Olivenöl, saure Sahne und Salz zufügen. Zu einem homogenen Teig verarbeiten. Mit einem Tuch bedeckt 45 Minuten an einem warmen Ort gehen lassen.

Ein Backblech mit Butter einfetten. Den Teig durchkneten und zu einem Fladen formen. Mit etwas Wasser bestreichen. Nochmals 30 Minuten gehen lassen.

Den Backofen auf 200 °C Ober- und Unterhitze vorheizen. Den Fladen etwa 30 Minuten backen.

Tipp: Kamut kann im Reformhaus gemahlen werden. Wer es körniger liebt, lässt das Getreide fein oder mittelfein schroten. Es empfiehlt sich dann, das geschrotete Getreide vorher in dem Wasser 1 bis 2 Stunden einzuweichen.

Variation:
Für die süße Variante können unter den Teig 80 g kleingeschnittene, getrocknete Feigen oder Datteln sowie 30 g gehackte Walnüsse, 25 g Zucker und 1 Esslöffel Rosenwasser geknetet werden. Nach Belieben kleine Fladen formen und backen.

Kamut

»das goldene Korn« oder »Seele der Erde« wie es die alten Ägypter nannten, ist ein Vorläufer des Weizens (Hartweizen) und hat seinen Ursprung in Mesopotamien. Dieses Getreide mit dicken Spelzen hat einen hohen Anteil an hochwertigem Eiweiß, Mineralstoffen und ungesättigten Fettsäuren. Kamut kann in allen Gerichten wie Couscous, Teigwaren, Brot, Gebäck sowie Pfannkuchen anstelle des Weizens verwendet werden. Zum Malen des recht harten Korns benötigt man eine gute Haushaltsgetreidemühle mit 3 Stufen für grobes Korn, feinem Schrot und Mehl; oder man lässt es gleich im Bioladen oder Reformhaus mahlen.

Gofio

galt immer schon als Grundnahrungsmittel auf den Kanarischen Inseln und in Lateinamerika. Die Inselbewohner lieben und verwenden ihn heute noch. Früher wurde Gofio aus Gerste, später aus Mais, Weizen oder Hülsenfrüchten hergestellt. Nach dem Reinigen werden die Körner geröstet und danach erst gemahlen. Je nach Geschmack wird das Mehl mit Ziegenmilch, Fisch- bzw. Fleischbrühe oder einfach nur mit Wasser weich geknetet. Das Ergebnis ist ein stärkendes Gericht. Im Zuge der Ökowelle besinnt man sich wieder auf die Vorzüge von naturnahen Produkten, und so ist es nicht verwunderlich, dass Spezialmischungen mit Gofio für gestresste Menschen sogar in Florida angeboten werden.

Fuerteventura, Kanaren

Kanarischer Gofiobrei
auf traditionelle Art

Zutaten für 4 Portionen

- 250 g geräucherter Bauchspeck
- 6 Knoblauchzehen
- 15 g Schweineschmalz
- Salz
- 1 TL Paprikapulver
- 1 Bd. Minze
- 225–250 g Gofio

Den Bauchspeck würfeln. Die Knoblauchzehen abziehen und hacken.

Schweineschmalz oder Olivenöl in einem Topf erhitzen. Den Bauchspeck hinein geben und einige Minuten anbraten. Den Knoblauch zufügen, kurz durchdünsten und mit 1 1/2 Liter Wasser ablöschen. Mit Salz und Paprikapulver würzen. Abgedeckt 30 Minuten kochen lassen.

Die Minze waschen, die Blättchen von den Stielen zupfen und hacken. Den Gofio einrühren, vom Herd nehmen und die Minze unterrühren.

Tipp: Anstelle von Schweineschmalz und Wasser, Öl und Brühe verwenden.

Polenta-Terrine mit
Mangold und Tomaten

Zutaten für 4–6 Portionen

- 200 g Mangold, ersatzweise Spinat oder Spitzkohl
- 300 g Fleischtomaten, 1 1/2–2 Stück
- 80 g Butter
- 1 EL Olivenöl
- Salz
- frisch gemahlener schwarzer Pfeffer
- 40 g Parmesan
- 300 ml Milch
- 300 ml Gemüsebrühe
- abgeriebene Muskatnuss
- 150 g Maisgrieß (Polenta)
- 100 ml Sahne
- 80 g Crème fraîche
- Backpapier

Den Mangold waschen, die groben Rippen herausschneiden und die Blätter hacken. Es sollten 100 g netto übrig bleiben. Die Fleischtomaten überbrühen, abschrecken, häuten und würfeln.

10 g Butter in einer Pfanne erhitzen. Die Mangoldblätter andünsten und mit einigen Esslöffeln Wasser ablöschen. Etwa 3 Minuten bei mäßiger Temperatur garen und herausnehmen. Das Olivenöl hineingeben und erhitzen. 10 g Butter zufügen und die Tomatenscheiben darin 2 bis 3 Minuten andünsten. Mit Salz und Pfeffer gut würzen. Den Parmesan reiben.

Die Milch und die Gemüsebrühe in einen Topf gießen und zum Kochen bringen. Mit Salz und Muskatnuss würzen. Den Maisgrieß unter Rühren hineinschütten und unter ständigem Rühren etwa 10 Minuten bei mäßiger Temperatur kochen lassen. Vom Herd nehmen und die restliche Butter, Sahne und Crème fraîche hinein rühren. Mit Salz und Pfeffer gut abschmecken.

Eine Kastenform von etwa 19 x 10 cm mit Backpapier so auslegen, dass die Terrine gleichzeitig damit bedeckt werden kann. Die Polentamasse etwa 1 1/2 cm hoch einfüllen, festdrücken. Mangold und Tomaten darauf schichten, dabei darauf achten, dass rundherum etwa 1 cm frei bleibt. Mit Parmesan bestreuen, wieder Polentamasse darauf geben. So fortfahren, bis alles verbraucht ist. Die letzte Schicht sollte aus Polentamasse bestehen. Für etwa 2 Stunden in den Kühlschrank stellen. In Scheiben geschnitten servieren.

Maisgrieß

wird aus reifen Maiskörnern gemahlen. Er bildet die Grundlage zu einigen nahrhaften Gerichten aus den Balkanländern, wie das Nationalgericht der Rumänen und Serben »Mamaliga«, die österreichische Spezialität aus der Steiermark »Sterz« oder die in Italien beliebte Polenta, ein Maisgrießbrei, der gekocht und gebraten wird. Der Name polenta leitet sich von dem lateinischen Wort »pollen« – Mehlstaub ab.

Hirse-Küchlein mit Kaviar

Zutaten für 4 Portionen

- 150 g Hirse
- 450 ml Gemüsebrühe
- 1 Bund Dill
- 1 Ei
- 1 Eigelb
- 2 EL Mehl
- 2 TL Honigsenf
- Salz
- frisch gemahlener weißer Pfeffer
- 3–5 EL Öl zum Braten
- 100–150 g Crème fraîche
- 150 g Forellenkaviar

Die Hirse waschen, in einem Sieb abtropfen lassen und mit der Gemüsebrühe aufsetzen. Einmal durchrühren und abgedeckt bei mäßiger Temperatur 20 bis 25 Minuten kochen lassen, vom Herd nehmen.

Den Dill waschen, trocken tupfen und hacken. Die Eier in die abgekühlte Hirse rühren. Mehl, Dill und Honigsenf zufügen. Mit Salz und Pfeffer gut abschmecken.

Die Hälfte des Öls in einer Pfanne erhitzen. Jeweils 1 EL Teigmasse hineingeben und die Küchlein beidseitig einige Minuten braten, bis sie goldgelb sind. Jeweils 1 bis 2 TL Crème fraîche und 1 bis 2 TL Kaviar auf die Hirseküchlein geben und servieren.

Tipp: Anstelle des Kaviars, geräucherten Lachs dazu servieren.

Hirse-Lachs-Bratlinge auf Kerbelcreme

Zutaten für 4 Portionen

Für die Hirse-Lachs-Bratlinge:
- 100 g Hirseflocken
- 100 ml Milch
- 1 Zwiebel
- 2 Eier
- Salz
- frisch gemahlener schwarzer Pfeffer
- 200 g geräucherter Lachs, ersatzweise Kabeljau
- 1 EL Mehl
- 4–5 EL Erdnussöl zum Braten

Für die Kerbelcreme:
- 1 Bd. Kerbel, 15–20 g
- 200 ml Sahne
- Salz
- frisch gemahlener weißer Pfeffer
- 2–3 TL Limettensaft

Die Hirseflocken mit der Milch übergießen. Die Zwiebel abziehen und in feine Würfel schneiden. Mit den Eiern zu den Hirseflocken geben; salzen und pfeffern. Abgedeckt 15 Minuten ruhen lassen.

Den geräucherten Lachs in kleine Stückchen zupfen und mit dem Mehl zu den Hirseflocken geben. Gut vermischen und abschmecken.

12 flache, kleine Bratlinge daraus formen. Das Erdnussöl in einer großen Pfanne erhitzen, eventuell auch parallel mit 2 Pfannen arbeiten, und die Bratlinge beidseitig je etwa 5 Minuten braten.

Inzwischen den Kerbel waschen, die Blättchen von den Stielen zupfen und mit 3 Esslöffeln der Sahne pürieren; einige Blättchen für die Garnitur zurückbehalten. Die restliche Sahne etwas einkochen, vom Herd nehmen, den pürierten Kerbel einrühren, salzen, pfeffern und mit Limettensaft abschmecken.

Einen Spiegel der Kerbelcreme auf vorgewärmte Teller geben und die Hirse-Lachs-Bratlinge darauf setzen.

Hirse,

eine an Rispen Samen tragende Gräserart, ist eine alte Kulturpflanze, die den Asiaten schon vor 3000 Jahren v. Chr. bekannt war. Anbaugebiete sind Nordchina, die Mongolei, Russland, Polen, Balkan, sowie weite Teile Afrikas und des Mittelmeerraums. Auch in Indien, Süd- und Nordamerika, also Gebieten mit warmem, trockenem Klima wird Hirse heute angebaut. Das einzelne Korn ist sehr klein und rund. Nach Entfernen der harten Schale enthält es noch alle wichtigen Nährstoffe, alle essentiellen Aminosäuren, Vitamine und Mineralstoffe. Der etwa 4 prozentige Fettgehalt beeinflusst die Lagerfähigkeit ungünstig. Hirse eignet sich nicht zum Backen, da sie glutenfrei ist. Hervorragend aber lassen sich sowohl süße als auch pikante Speisen zubereiten. Noch im 18. Jahrhundert gab es in Mitteleuropa vielfach Hirsebrei anstelle von Brot zu essen. Die Vollwertküche hat die Hirse wieder entdeckt.

Buchweizen,

ursprünglich ein nordasiatisches Knöterichgewächs, besitzt einen herben, leicht erdigen Geschmack. Seine Heimat sind die südrussischen Steppen, doch wurde er früher auch bei uns als Heidekorn auf Heide- und Torfflächen angebaut. Der dreikantige Samen hat das Aussehen von Bucheckern, aber die Nährstoffe und die Verwendung sind ähnlich wie bei Getreide. Besonders hervorzuheben ist der hohe Gehalt an Lecithin, Vitaminen und Mineralstoffen. Außerdem ist er frei von Gluten. Im Handel wird Buchweizen als Grütze, Mehl oder Flocken angeboten. Damit können herzhafte Gerichte wie Eintöpfe, Aufläufe, knusprige Buchweizenpfannkuchen und Gebäck bereitet werden. Berühmt sind vor allem auch die russischen Blinis.

Bretonische Galettes

Zutaten für 6 Stück von etwa 14 cm Durchmesser

Für den Teig:
- 70 g Buchweizenmehl
- 60 g Weizenmehl, Type 405
- grobes, ungebleichtes Meersalz
- 1 Ei
- 2 TL Erdnuss- oder Sonnenblumenöl
- 1/8 Liter Milch
- 75 ml Mineralwasser

Für die Füllung:
- 1–2 Zwiebeln
- 4 Tomaten
- 125 g Champignons
- 100 g Schinken, roh oder gekocht
- 1 Bund Schnittlauch
- 2 EL Öl
- 15 g Butter
- Salz
- frisch gemahlener Pfeffer
- Öl, Schmalz, Butter oder Speckschwarte zum Backen der Galette

Die beiden Mehlsorten in eine Schüssel geben und mischen. In die Mitte eine Vertiefung drücken. Salz, Ei und Öl hinein geben, verrühren. Nach und nach Milch und Mineralwasser dazu gießen und zu einem geschmeidigen Teig verarbeiten. Den Teig möglichst 1 Stunde ruhen lassen.

Für die Füllung die Zwiebeln abziehen und fein würfeln. Die Tomaten überbrühen, häuten und in Scheiben schneiden. Die Champignons putzen und ebenfalls in Scheiben schneiden. Den Schinken würfeln. Den Schnittlauch in feine Röllchen schneiden.

In einer Pfanne das Öl erhitzen. Die Butter zufügen. Die Zwiebeln darin andünsten. Die Tomaten und die Champignons zufügen, dann den Schinken. Mit Salz und Pfeffer würzen.

Eine Crêpepfanne erhitzen. Das Öl hineingießen, heiß werden lassen und den Teig mit einem kleinen Schöpflöffel hinein geben. Durch drehende Bewegungen der Pfanne den Teig verteilen und hauchdünne Galettes backen. Wenn der Teigrand beginnt, fest zu werden, die Galettes mit dem Wender umdrehen und nach kurzer Zeit die Füllung darauf verteilen. Die vier Seiten zusammenschlagen und sofort servieren.
Dazu mundet ein Cidre ausgezeichnet!

Variation:
Den Galetteteig nur mit Buchweizenmehl herstellen und die Galettes mit gekochten, ausgelösten Miesmuscheln und Kräuterbutter füllen. Mit Fenchelkraut garniert servieren. Diese Galettes nennt man »Auf Quiberoner Art«.

Quittenquiche
mit Serrano-Schinken

Zutaten für 1 Quicheform von 24 cm Durchmesser

Für den Teig:
- 100 g Weizenvollkornmehl
- 100 g Weizenmehl, Type 550
- 75 g Butter
- 1 EL Öl
- 25 g Hefe
- 1 Ei
- 1–2 EL Wasser

Für den Belag:
- 800 g Quitten
- 1/2 Limette
- 1 Stück frischer Ingwer von etwa 3 cm
- 1/4 Liter Apfelsaft
- 150 g brauner Rohrzucker
- 2–3 Sternanis
- Salz
- Piment
- frisch gemahlener schwarzer Pfeffer
- 150 g Serrano-Schinken
- 4 Eier

- 10 g Butter und 10 g Mehl für die Form

Die beiden Mehlsorten mischen und mit Butter, Öl, Hefe, Ei und Wasser zu einem Teig abbröseln. Abgedeckt ruhen lassen.

Inzwischen die Quitten waschen, vierteln und vom Kerngehäuse befreien. Den Limettensaft auspressen. Den Ingwer schälen und fein hacken. Die Früchte mit Apfelsaft, Limettensaft, Rohrzucker, Ingwer und Sternanis in einen Topf geben, etwa 30 Minuten kochen, bis alles zu Mus zerfällt. Mit Salz, Piment und Pfeffer würzen, etwas abkühlen lassen.

Den Schinken in sehr kleine Würfel schneiden und unter den Quittenbrei geben. Die Eier verquirlen und unterrühren.

Den Backofen auf 190 °C Ober- und Unterhitze vorheizen. Die Quicheform mit Butter einfetten und Mehl bestäuben; überschüssiges Mehl wieder ausklopfen.

Den Teig ausrollen und in die Form geben. Einen Rand hochziehen. 10 Minuten ruhen lassen, dann den Belag darauf verteilen und für etwa 35 Minuten in den Backofen stellen.

Dinkel,

auch Spelz, Fesen, Vesen, Schwabenkorn genannt, ist eine Spelzweizenart und Vorläufer des Weizens. Schon von den frühen Kulturen Vorderasiens angebaut, kam er erst spät nach Mitteleuropa. Es könnte sein, dass das hübsche alte Dinkelsbühl seinen Namen darauf zurückführt. Dinkel wird heute wieder vereinzelt in Süddeutschland kultiviert. Er gedeiht gut auf kargen, kalkreichen Böden. Seine Erträge lassen sich durch Kunstdünger nicht steigern. Das macht ihn vor allem für den Bio-Anbau interessant. Bekannt ist Dinkel in der Vollwertküche, es lassen sich herrliche gesunde Gerichte aus ihm zubereiten. Farbe und Geschmack sind etwas kräftiger als beim Weizen. Er besitzt wegen des hohen Klebereiweißgehaltes sehr gute Backeigenschaften. Seine Wirkung auf die Gesundheit ist enorm, da der Anteil an Mineralstoffen wie Eisen, Magnesium, Kalium, Kalzium und Phosphor höher ist als bei den meisten anderen Getreidearten. Außerdem besitzt er viele Vitamine und wertvolles Eiweiß. Schon die Ordensfrau Hildegard von Bingen beschrieb den Dinkel als »das beste Getreide; es verschafft dem, der es isst, ein rechtes Fleisch und bereitet ihm ein gutes Blut. Die Seele des Menschen macht es froh und voll Heiterkeit.«

Dinkelsbühl

Dinkel-Sauerampfer-Quiche

Zutaten für 1 Quicheform von 24 cm Durchmesser

Für den Teig:

- 100 g Dinkelvollkornmehl
- 100 g Weizenmehl, Type 405
- 90 g Butter
- 25 g Hefe
- 1 Ei
- 1 EL Wasser
- Salz
- 10 g Butter und 10 g Mehl für die Form

Für den Belag:

- 70 g Sauerampfer
- 1 Knoblauchzehe
- 100 g roher Schinken
- 3 Eier
- Salz
- 300 g Frischkäse
- frisch gemahlener schwarzer Pfeffer

Die beiden Mehlsorten mischen und mit fein geschnittener Butter, Hefe, Ei, Wasser und Salz schnell zu einem Teig verkneten. Abgedeckt 40 bis 45 Minuten ruhen lassen.

Die Quicheform mit Butter einfetten, mit Mehl bestäuben; überflüssiges Mehl wieder ausklopfen.

Den Sauerampfer waschen, trocken tupfen, die Stiele abschneiden und die Blätter fein hacken. Die Knoblauchzehe abziehen und zerdrücken. Den Schinken fein würfeln. 2 Eier trennen. Das Eiweiß mit Salz steif schlagen. Frischkäse, Eigelb und das restliche ganze Ei verrühren. Sauerampfer, Schinkenwürfel und Knoblauch zufügen. Mit Salz und Pfeffer würzen. Das Eiweiß unterheben.

Den Backofen auf 190 °C Ober- und Unterhitze vorheizen. Den Teig ausrollen und in die Form geben, einen Rand hoch drücken. 10 Minuten ruhen lassen. Die Masse auf den Teigboden geben und in den Backofen für etwa 35 Minuten stellen.

Klebreis mit Kumquats

Zutaten für 4 Portionen

- 200 g Kumquats
- 300 ml Milch
- 1/2–1 Vanillestange
- 150 g Klebreis
- 150 ml Kokosmilch
- 100 ml Orangensaft
- etwa 60 g Zucker
- 1–2 EL Orangenlikör
- 3 Blatt Gelatine
- 5 EL Sahne, ersatzweise Milch
- 2 EL gehackte Pistazienkerne

Die Kumquats heiß waschen und mit 250 ml Wasser in einen Topf geben. Etwa 20 Minuten bei mäßiger Temperatur kochen lassen, bis sie weich sind. Das Wasser sollte verkocht sein, sonst restliches Wasser abgießen und die Kumquats durch ein Sieb streichen.

Die Milch mit der aufgeschnittenen und ausgeschabten Vanillestange sowie dem Vanillemark zum Kochen bringen. Den Klebreis hineinschütten, einmal durch heben und ohne weiteres Rühren bei mäßiger Temperatur etwa 15 Minuten kochen lassen. Vom Herd nehmen. Die Vanillestange entfernen. Kokosmilch sowie Kumquatpüree und Orangensaft zufügen. Mit dem Zucker süßen. Nach Belieben mit Orangenlikör aromatisieren.

Die Gelatine in kaltem Wasser einweichen, ausdrücken und in der gut warmen Sahne auflösen. Unter den Klebreis rühren. In eine große Glasschale oder Portionsgläser füllen. Im Kühlschrank fest werden lassen. Mit Pistazien bestreut servieren.

Holunderbeerreis

Zutaten für 4 Portionen

- 3/4 Liter Holunderbeersaft
- 150 g Klebreis
- 90 g Zucker
- 1 1/2 EL Vanillezucker
- 3 Sternanis
- 1 Zimtstange, etwa 6 cm
- 2 Msp. gemahlene Nelken
- etwa 2 EL frisch gepresster Limettensaft

Den Holunderbeersaft zum Kochen bringen. Den Klebreis hineinstreuen. Zucker, Vanillezucker, Sternanis, Zimtstange und Nelkenpulver zufügen. Einmal durchheben und abgedeckt etwa 20 Minuten kochen lassen. Mit Limettensaft abschmecken, warm oder erkaltet mit Sahne oder Eis servieren.

Klebreis

Über die Hälfte der Weltbevölkerung ernährt sich von Reis. Für viele asiatische Völker ist Reis gleich bedeutend mit Leben und Überleben, mit Arbeit und Wohlstand. Mit einem hohen Anteil an Nährstoffen findet Reis in der Küche vielfältige Verwendung. Nach der Form der Körner unterscheidet man Langkorn-, Mittelkorn- und Rundkornreis. Der Klebreis gehört der letzteren Gruppe an. Seine Körner haften beim Garen besonders stark aneinander. In Asien ist er sehr beliebt, weil man ihn gut mit Stäbchen aufnehmen kann. Außerdem lässt er sich leicht und dekorativ formen.

Haselnüsse,

auch Welschhasel genannt, sind die Früchte des Haselnussstrauches, die gemahlen, grob gehackt oder auch ganz, mit ihrem kernigen Aroma Salate, Brot, Kuchen und Plätzchen verfeinern. Beim Einkauf ist darauf zu achten, dass frische Haselnüsse unversehrte Schalen haben. Haselnüsse ohne Schalen müssen luftdicht verpackt sein, so bleiben sie länger frisch; andernfalls verlieren sie mit der Zeit ihr Aroma und werden ranzig. Nach leichtem Rösten lässt sich die braune Haut der Nüsse mit einem Tuch leicht abreiben und der Geschmack wird dadurch noch etwas kräftiger.

Tipp: Haselnüsse mit Schalen können einige Wochen bei Zimmertemperatur gelagert werden. Ohne Schale im verschlossenen Behälter halten sie sich im Kühlschrank mehrere Monate und tief gefroren sogar bis zu einem Jahr.

Haselnussbutter

Zutaten für 6 Portionen

- 100 g Butter
- 100 g gemahlene Haselnüsse
- etwa 1/2 TL Meersalz

Die weiche Butter und die Haselnüsse mit einem Schneebesen gut verrühren. Mit Salz würzen.

Nach Belieben können die Haselnüsse vor dem Mahlen leicht angeröstet werden.

Tipp: Diese Haselnussbutter ist ein willkommener Brotaufstrich; besonders harmoniert sie mit dem Ägyptischen Kamut-Fladen, Seite 26.

Cranberry-Haselnuss-Auflauf

Zutaten für 5–6 Portionen

- 100 ml Orangensaft
- 120 g Zucker
- 300 g Cranberries
- 60 g Butter
- 60 g gemahlene Haselnüsse
- 10 g Butter für die Form
- 2 Eier
- 80 g brauner Rohrzucker
- 2 EL Vanillezucker
- 2 Msp. abgeriebene Muskatnuss
- 40 g Mehl
- 120 g Milch
- Puderzucker zum Bestreuen
- nach Belieben Sahne, Vanillezucker und Zimt

Orangensaft und Zucker in einen Topf geben, erhitzen und die Cranberries zufügen. Bei mäßiger Temperatur etwa 5 Minuten kochen lassen, bis die Beeren anfangen aufzuplatzen. Vom Herd nehmen.

Butter und gemahlene Haselnüsse in einer kleinen Pfanne leicht anrösten, dann vom Herd nehmen.

Eine Auflaufform mit Butter ausstreichen. Den Backofen auf 190 °C vorheizen.

Die Eier mit Rohrzucker, Vanillezucker und Muskatnuss schaumig rühren. Das Mehl mit der Milch verrühren und zufügen, ebenso die Butter und Haselnussmischung.

Die Cranberries in die Auflaufform füllen und mit der Teigmischung übergießen. In den Backofen, 2. Schiene von unten, für etwa 20 Minuten stellen.
Nach Belieben mit geschlagener Sahne, die mit Vanillezucker und Zimt gewürzt wurde, servieren.

Quitten-Gersten-Saft

Zutaten für 4 Portionen

- 50 g Gerste
- 800 g Quitten
- 1 Stück Ingwer von etwa 4 cm, 20–25 g
- 2 Sternanis
- Honig oder Zucker nach Geschmack

Die Gerste mit 3/4 bis 1 Liter Wasser zum Kochen bringen. 20 Minuten kochen, weitere 10 Minuten quellen lassen. Die Gerste in einem Sieb abtropfen lassen. Die Brühe auffangen und kalt stellen.

Die Quitten waschen, grob zerkleinern und mit 1 Liter Wasser in einen Topf geben. Den Ingwer schälen und vierteln. Zusammen mit Sternanis zu den Quitten geben. Abgedeckt 30 bis 40 Minuten kochen lassen, je nach Reife der Quitten. Den Saft durch ein Sieb gießen.

Gerstensaft und Quittensaft mischen. Nach Belieben süßen und gut gekühlt servieren.

Tipp: Die Quitten benötigen im Schnellkochtopf nur 15 Minuten. Die Gerstenkörner können zu Salat verarbeitet werden.

Sonnenaufgang

Zutaten für 4 Portionen

- 1 Kokosnuss
- 80 ml (8 cl) Danziger Goldwasser
- 200 ml (20 cl) Sekt

Die Kokosnuss an zwei der drei Augen aufbohren und das Kokoswasser in einem Gefäß auffangen. Es werden etwa 200 ml (20 cl) sein. Die Nuss aufschlagen und das Kokosfleisch herauslösen.

Das Kokoswasser mit dem Goldwasser in 4 Cocktailgläser geben und mit dem Sekt aufgießen. Sofort servieren! Nach Belieben etwas Kokosfleisch dazu reichen.

Danziger Goldwasser ist ein wasserheller Likör mit herum schwimmendem echtem Blattgold. Er wird unter anderem aus Extrakten von Muskatnüssen, Kümmel, Koriander, Kardamom, Zimt sowie Rosenblüten hergestellt. Mit dem Kokosnusswasser, gekrönt von Sekt, geht er eine harmonische Verbindung ein.

Geeiste Mandelmilch

Zutaten für 4 Portionen

- 3/4 Liter Milch
- 75 g gemahlene Mandeln
- 1 EL Vanillezucker
- 1 Msp. Salz
- 1 Msp. Zimt
- 4 Bällchen Vanilleeis
- 4 Minzblättchen

Milch, Mandeln, Vanillezucker, Salz und Zimt verrühren. Das Vanilleeis in Glasschalen geben und mit der Mandelmilch übergießen.
Mit Minzblättchen garniert servieren.

2. Mittags für die Familie

Emmer,

Amelkorn oder Zweikorn ist ein Spelzweizen mit zweizeiliger, begrannter Ähre, jedoch im Gegensatz zum Einkorn mit zwei Körnern im Spelzverschluss versehen. Als Ursprung kann man wie auch für das Einkorn Mesopotamien und Ägypten ansehen. Die Verbreitung reichte bis nach Mitteleuropa. Emmering, ein Ort in Süddeutschland, erinnert noch daran. Heute wird Emmer noch in Iran, Palästina und Spanien angebaut, ist jedoch bei uns schwierig zu bekommen.

Curry-Apfelsuppe mit Emmer

Zutaten für 4 Portionen

- 1 Liter Gemüsebrühe
- 100 g Emmer
- 1 Stück frischer Ingwer von etwa 4 cm
- 2 Äpfel
- 1 EL Zitronensaft
- 40 g Butter
- 30 g Weizenmehl
- 1 1/2 EL Currypulver
- 1/4 Liter Sahne
- Salz
- frisch gemahlener Pfeffer

Die Gemüsebrühe zum Kochen bringen. Emmer hineinschütten, einmal durchheben und abgedeckt bei mäßiger Temperatur 25 bis 30 Minuten kochen. Emmer in ein Sieb geben und die Brühe auffangen.

Den Ingwer schälen und klein schneiden. Die Äpfel schälen, vom Kerngehäuse befreien und würfeln. 1/3 davon mit Zitronensaft beträufeln und abgedeckt beiseite stellen.

Die Butter in einem Topf erhitzen. Das Mehl mit dem Currypulver hineinschütten und unter Rühren goldgelb durchschwitzen. 2/3 der Apfelwürfel und den Ingwer zufügen. Nach einigen Minuten mit der Brühe ablöschen. 10 Minuten bei mäßiger Temperatur kochen lassen und pürieren. Mit der Sahne verfeinern, salzen und pfeffern.

Zum Servieren die Suppe auf Tellern verteilen. Emmer und Apfelwürfel in die Mitte geben.

Weizenkeimsalat mit
Feta und rosa Pfeffersauce

Zutaten für 4 Portionen

- einige Blätter Rauke (Rucola)
- 1–2 Frühlingszwiebeln
- 250 g Kirschtomaten
- 150 g Feta
- 140 g–150 g Weizenkeime

Für die rosa Pfeffersauce:

- 1 Limette
- 100 g Joghurt
- 2 EL Crème fraîche
- 1/2 TL Paprikapulver, edelsüß
- Salz
- 2–3 TL rosa Pfefferkörner (Beeren)

Für die rosa Pfeffersauce den Saft der Limette auspressen. Joghurt, Crème fraîche, Paprikapulver und Salz verrühren.

Die Rucolablätter und die Frühlingszwiebeln waschen. Die Rucolablätter in mundgerechte Stücke, die Frühlingszwiebeln in Ringe schneiden. Die Kirschtomaten vom Blütenansatz befreien und halbieren. Den Feta würfeln.

Rauke, Weizenkeime, Frühlingszwiebeln, Kirschtomaten und Feta gefällig auf Tellern anrichten. Die rosa Pfeffersauce dazugeben und mit den rosa Pfefferkörnern bestreuen.

Tipp: Weizenkeime selbst herstellen: Den Sprießkornweizen abspülen. Mit Hilfe eines Keimgerätes und täglich dreimaligem Spülen den Weizen in etwa 3 Tagen zum Keimen bringen oder Filter- beziehungsweise Löschpapier in ein Sieb legen. Die Körner darauf ausbreiten und mit nicht abgekochtem Wasser begießen. Das Sieb auf einen Teller stellen und die Prozedur ebenfalls 3 Mal täglich wiederholen. Das durchgelaufene Wasser abgießen. Nach etwa 5 Tagen sind die Keimlinge fertig zum Verzehr. Grundregel: der Keim sollte so lang wie das Korn sein.

Maronencremesuppe
mit Honigsenf und Zimt

Zutaten für 4 Portionen

- 1 Liter Gemüsebrühe
- 60–70 g Risottoreis, wie Arborio, Vialone oder Razza
- 200 g vorgekochte, geschälte, gegarte Maronen (Kastanien) oder Vakuum verpackte
- 4 EL Crème fraîche
- Salz
- frisch gemahlener schwarzer Pfeffer
- etwa 2 TL Honigsenf
- 4 Msp. Zimt

Die Gemüsebrühe aufkochen lassen. Den Reis einstreuen, einmal durchheben und ohne weiteres Umrühren etwa 18 Minuten kochen lassen. 4 Maronen (Kastanien) für die Garnitur zurück behalten, die anderen zum Reis geben und 2 Minuten ziehen lassen; alles pürieren. Crème fraîche zufügen, mit Salz, Pfeffer und Honigsenf gut abschmecken.

Die 4 Maronen hacken. Die Suppe in vorgewärmte Tassen oder Teller füllen und jede Portion mit gehackten Kastanien und Zimt bestreuen.

Tipp: Mit einem Gemüseauflauf oder dem folgendem Rezept ergibt das eine ausgewogene Mahlzeit.

Gratinierte Polentaschnitten

Zutaten für etwa 12 Stück von 7 cm Durchmesser

- 200 g Maisgrieß (Polenta)
- 40 g Butter
- 1 große Zwiebel, etwa 80 g
- 1 Knoblauchzehe
- 1 kleine rote Chilischote, mittlere Schärfe
- 3 EL Olivenöl
- 2–3 TL Tomatenmark
- 100 ml Gemüsebrühe
- Salz
- frisch gemahlener schwarzer Pfeffer
- 25–30 g frisch geriebener Parmesan

- 5 g Butter für das Blech

Ein Liter Wasser zum Kochen bringen, salzen und den Maisgrieß unter Rühren hineinrieseln lassen. Unter ständigem Rühren 5 bis 10 Minuten, je nach Beschaffenheit des Maisgrieß, kochen. Vom Herd nehmen und die Butter einrühren. Einen cm dick auf ein Blech oder eine Marmorplatte streichen und erkalten lassen.

Die Zwiebel und die Knoblauchzehe abziehen. Die Zwiebel fein würfeln und die Knoblauchzehe zerdrücken. Die Chilischote aufschneiden, von Kernen und Zwischenwänden befreien und hacken.

Das Olivenöl in einer Pfanne erhitzen. Die Zwiebel etwa 3 Minuten darin andünsten. Knoblauchzehe, Chilischote und Tomatenmark zufügen und weitere 3 Minuten dünsten. Mit der Gemüsebrühe ablöschen, salzen, pfeffern und 8 bis10 Minuten einkochen.

Nachdem die Polentamasse fest geworden ist, mit einem Gebäckausstecher oder Glas runde Scheiben von etwa 7 cm Durchmesser ausstechen. Den Backofen mit Grill vorheizen. Ein Backblech leicht einfetten und die Scheiben darauf geben. Die Zwiebelmasse darauf verteilen. Mit dem Parmesan bestreuen und kurz unter den Grill stellen, bis der Parmesan goldgelb ist. Den Schnittlauch in Röllchen schneiden, darüber streuen und servieren.

Tipp: Nach Belieben klein gewürfelten rohen oder gekochten Schinken unter die Zwiebelmasse geben.

Grünkernschrot-Suppe mit schwarzen Senfkörnern

Zutaten für 4 Portionen

- 1 Möhre
- 1 Stück Sellerieknolle, etwa 50 g
- 1 kleine Lauchstange
- 1 kleine Zwiebel
- 2 EL Öl
- 50–60 g Butter
- 100 g Grünkernschrot, entweder selbst die ganzen Körner schroten oder im Reformhaus erledigen lassen
- 1 Liter Gemüsebrühe
- 2–3 Zweige Salbei
- 4 TL schwarze Senfkörner

Das Gemüse waschen und putzen. Die Möhre und den Sellerie in kleine Stücke schneiden, die Lauchstange in dünne Ringe. Die Zwiebel abziehen und fein würfeln.

Das Öl in einem Topf erhitzen. Die Hälfte der Butter zufügen. Grünkernschrot und Gemüse unter Rühren darin etwa 5 Minuten andünsten. Die Gemüsebrühe angießen und abgedeckt bei mäßiger Temperatur etwa 15 bis 20 Minuten kochen lassen.

Inzwischen den Salbei waschen, trocken tupfen, die Blättchen von den Stielen zupfen und hacken. Die restliche Butter schmelzen lassen und die Senfkörner hinein geben. Die Grünkernschrot-Suppe vom Herd nehmen, den Salbei unterrühren und die Senfkörner darüber streuen.

Tipp: Mit der Kokosmilch-Quarkspeise (Seite 64) ist dies eine komplette Mahlzeit.

Grünkernsuppe mit Gemüse

Zutaten für 4 Portionen

- 100 g Grünkern
- 1 Zwiebel
- 1 Möhre
- 100 g Spargel
- 60 g braune Champignons
- 1 EL Walnussöl
- 20 g Butter
- 3/4 Liter Gemüsebrühe
- Salz
- frisch gem. weißer Pfeffer
- nach Belieben 1/8 Liter Sahne oder 100 g Crème fraîche

Grünkern über Nacht in 300 ml Wasser einweichen.

Am nächsten Tag die Zwiebel abziehen und hacken. Das Gemüse waschen. Die Möhre schaben, die Champignons putzen und in Scheiben schneiden.

Das Öl in einem Topf erhitzen. Die Butter zufügen. Das Gemüse hinein geben und einige Minuten andünsten. Den eingeweichten Grünkern samt Wasser sowie 1/2 Liter Gemüsebrühe zufügen, salzen und pfeffern. Etwa 25 Minuten bei mäßiger Temperatur abgedeckt kochen lassen. Bei Bedarf die restliche Brühe angießen.

Alles mit dem Mixstab pürieren. Die Körner werden dabei nur grob zerkleinert, das ist gewollt. Nach Belieben mit Sahne oder Crème fraîche verfeinern.

Grünkern

ist Dinkel, der im noch unreifen Zustand geerntet wird. Seine Name rührt von der grünlichen Farbe. Da sein hoher Feuchtigkeitsgehalt die Lagerfähigkeit einschränkt, wird er gedarrt. Das leichte Rösten verleiht dem Grünkern seinen aromatischen Geschmack. Man nimmt ihn deshalb gerne für die Zubereitung von Suppen, Saucen, Klößen, Bratlingen und Aufläufen. Der Handel bietet Grünkern als ganzes Korn, Grieß, Flocken, Schrot und Mehl an.

Grünkern-Butternusskürbis-Topf

Zutaten für 4 Portionen

- 200 g Grünkern
- 900 ml Gemüsebrühe
- 1 Butternusskürbis (Butternut) von etwa 500 g
- 3 Zwiebeln
- 1 Knoblauchzehe
- 1 Lauchstange
- 1 rote frische Chilischote
- 3 EL Erdnussöl
- 25 g Butter
- Meersalz
- abgeriebene Muskatnuss
- 1/2 TL gemahlener Piment
- 75 g Erdnüsse
- 2 Frühlingszwiebeln

Den Grünkern in einen weiten Topf geben und einige Minuten unter ständigem Rühren anrösten. Die Hälfte der Gemüsebrühe angießen und abgedeckt bei mäßiger Temperatur 22 Minuten garen lassen. Eventuell etwas Brühe nachgießen. Vom Herd nehmen und ausquellen lassen.

Inzwischen den Kürbis schälen, von Fasern und Kernen befreien und in Stücke schneiden. Die Zwiebeln und die Knoblauchzehe abziehen. Die Zwiebeln würfeln und die Knoblauchzehe zerdrücken. Die Lauchstange aufschneiden, waschen, putzen und in dünne Scheiben schneiden. Die Chilischote aufschneiden, entkernen und in winzige Stücke schneiden.

Das Erdnussöl in einem weiten Topf erhitzen, die Butter zufügen. Kürbis, Zwiebeln, Lauch und Knoblauch darin etwa 6 Minuten andünsten. Mit der restlichen Gemüsebrühe ablöschen. Die Chilischote zufügen und mit Meersalz, Muskatnuss und Piment gut würzen. Abgedeckt 15 bis 20 Minuten bei mäßiger Temperatur kochen lassen.

Die Erdnüsse pürieren. Die Frühlingszwiebeln waschen und in dünne Ringe schneiden. Grünkern zum Gemüse geben und die Frühlingszwiebeln mit den Erdnüssen zum Schluss unterrühren.

Erdnüsse,

Aschanti-, Arachis-, Kamerunnüsse, Peanuts gehören botanisch zu den Hülsenfrüchten, doch wegen der ähnlichen Verwendung wird von Nüssen gesprochen. Man unterscheidet sie vor allem nach ihrer Herkunft aus Nord- und Südamerika, China, Indien, Westafrika, Israel, Türkei, Italien und Spanien. Nach der Befruchtung der Blüten neigen sich die Stängel und bohren sich in die Erde. Jährlich werden weltweit etwa 25 Millionen Tonnen geerntet. Erdnüsse sind sehr nahrhaft. Sie enthalten etwa 50 Prozent Fett, vorwiegend ungesättigte Fettsäuren, 26 Prozent Eiweiß, reichlich Vitamine der B-Gruppe, Kalzium, Magnesium und Kalium. Das Aroma der Erdnüsse passt gut zum Butternusskürbis. Dieser gehört zur Gruppe der Moschus-Kürbisse, die vor allem in Mexiko, China, Indien und Australien angebaut werden und in der Küche eine bedeutende Rolle spielen.

Perlgraupen

sind besonders fein und rund geschliffene Gersten-, aber auch Weizenkörner. Bei diesem Verfahren gehen allerdings ein Teil der Vitamine, Mineral- und Ballaststoffe sowie Fett und Proteine verloren. Dafür sind sie jedoch leicht verdaulich und bestens geeignet für die Krankenkost. Perlgraupen werden sehr gerne für Suppen sowie zur traditionellen niedersächsischen Grützwurst verwendet. Häufig werden sie auch zu Süßspeisen verarbeitet.

Grützterrine

Zutaten für 4 Portionen

- 1 Möhre
- 1 kleine Stange Lauch
- 1 Stück Selleriestange
- 1 Zwiebel
- Salz
- 300 g Schweinebauch
- 80 g Perlgraupen, mittlere Größe
- 30 g Butter
- 150 g Leber, vorzugsweise vom Schwein
- frisch gemahlener schwarzer Pfeffer
- 1/2 TL Piment
- 1 TL getrockneter Majoran
- 2 Zweige Salbei, etwa 15 g ohne Stiele
- 10 g Butter für die Form

Das Gemüse waschen, putzen und in Stücke schneiden. Den Schweinebauch abspülen. 1 Liter Wasser mit dem Gemüse zum Kochen bringen und salzen. Den Schweinebauch einlegen. Etwa 1 1/4 Stunde bei mäßiger Temperatur kochen lassen, bis das Fleisch gar ist. Abgießen, die Brühe in einen Topf füllen, das Fett abschöpfen und die Graupen hinein geben. Etwa 30 Minuten garen, bis sie weich sind. Die Graupen abgießen und beiseite stellen.
Die restliche Brühe kann anderweitig verwendet werden, z. B. für eine Suppe.

Die Butter in einer Pfanne erhitzen und die Leber darin beidseitig einige Minuten anbraten, salzen und pfeffern. Sie darf nicht zu lange gebraten werden, damit sie nicht hart wird.

Schweinebauch, Leber und etwas Gemüse durch die feine Scheibe des Fleischwolfs drehen. Die Graupen zufügen und gut mit Salz, Pfeffer, Piment und Majoran würzen. Den Salbei waschen, trocken tupfen, die Blättchen von den Stielen zupfen und hacken. Einige Blättchen für die Garnitur aufbewahren.

Die Terrinenform mit Butter ausstreichen und die Masse hinein drücken. Die restlichen Salbeiblättchen darauf legen. Eine große Form halb mit Wasser füllen und die Terrine hinein setzen. Sie sollte zur Hälfte im Wasserbad stehen. Mit dem Deckel verschließen und eine Stunde bei 160 °C garen.
Dazu passt ein frischer Salat.

Vollkornreis-Auflauf

Zutaten für 4 Portionen

- 1 Möhre, etwa 130 g
- 1 Stück Sellerieknolle, etwa 50 g
- 1 Stange Lauch
- 1 Zucchino, etwa 200 g
- 200–250 g Kürbis
- 1 Zwiebel
- 4 EL Öl
- 25 g Butter und 10 g Butter für die Form
- 225 g Vollkornreis
- 200 ml trockner Weißwein
- Salz
- frisch gemahlener Pfeffer
- etwa 3/4 Liter Gemüsebrühe
- 200 ml Sahne
- 3 Eier
- 150 g Crème fraîche
- 100 g geriebener Mozzarella

Das Gemüse waschen, putzen und klein schneiden. Die Zwiebel abziehen und würfeln.

Das Öl in einem weiten Topf erhitzen. Die Butter zufügen und den Reis darin in einigen Minuten glasig dünsten. Das Gemüse zufügen und 5 bis 8 Minuten weiter dünsten. Den Wein zur Hälfte angießen und unter Rühren köcheln lassen. Nun den restlichen Wein angießen. Mit Salz und Pfeffer würzen. Mit der Gemüsebrühe genauso verfahren. Wenn die Flüssigkeit verkocht ist, wieder etwas nachgießen. Zum Schluss die Sahne angießen. Der Reis sollte gar, aber noch bissfest sein.

Den Backofen auf 180 °C Ober- und Unterhitze vorheizen. Eine große Auflaufform mit Butter einfetten.

Die Eier mit Crème fraîche und 75 g Mozzarella verrühren. Mit Salz und Pfeffer gut würzen und unter den Gemüsereis mischen. In die Auflaufform geben, mit dem restlichen Käse bestreuen und für etwa 25 Minuten in den Backofen stellen.

Reis,

eine alte asiatische Kulturpflanze, die bereits vor über 5000 Jahren in Indien aus Gräsern gezüchtet wurde, dient mehr als der Hälfte der Menschheit als Grundnahrungsmittel. Anbaugebiete sind Südostasien, Südchina, das Nildelta, Südfrankreich, die norditalienische Poebene sowie Spanien und die USA. Es gibt drei Arten, die für die Küche wichtig sind, den Langkornreis, den Mittelkornreis und den Rundkornreis. Sie besitzen unterschiedliche Eigenschaften und werden deshalb zu bestimmten Gerichten bevorzugt. Langkornreis, bis 8 Millimeter lang und etwa 2 Millimeter dick, bleibt trocken und körnig. Er ist der meist verwendete Reis. Mittelkornreis liegt zwischen beiden Sorten und ist der typische Risottoreis. Rundkornreis, etwa 5 Millimeter lang und 3 Millimeter dick, wird nach dem Garen weich und klebrig. Er eignet sich besonders für breiige Gerichte. Gegenüber geschältem, geschliffenem und poliertem Reis kommen die hochwertigen Nähr- und Mineralstoffe beim Vollkornreis am besten zur Geltung.

Sechskorn-Getreide
und Lammhack im Kohlblatt

Zutaten für 4 Portionen

- 500 ml Gemüsebrühe
- 100 g Sechskorn-Getreidemischung
- 8 große Weißkohlblätter
- 1 Bund glattblättrige Petersilie
- 1 Zwiebel
- 1 Knoblauchzehe
- 5 Tomaten
- 2 EL Öl
- 20 g Butter
- Salz
- frisch gemahlener schwarzer Pfeffer
- 2 Msp. Paprikapulver, edelsüß
- 3 Msp. gemahlener Kreuzkümmel
- 250 g Lammhackfleisch
- 1 Ei
- abgeriebene Muskatnuss
- 35 g Butterschmalz

400 ml Gemüsebrühe mit dem Getreide zum Kochen bringen. Abgedeckt bei mäßiger Temperatur 20 Minuten kochen, dann auskühlen lassen. Die Gemüsebrühe sollte verkocht sein. Inzwischen die Kohlblätter blanchieren. Die Petersilie waschen, trocken tupfen, die Blättchen von den Stielen zupfen und hacken. Die Zwiebel und die Knoblauchzehe abziehen. Die Zwiebel würfeln und die Knoblauchzehe zerdrücken. Die Tomaten überbrühen, häuten und grob zerkleinern.

Das Öl in einem weiten Topf erhitzen. Die Butter zufügen. Die Zwiebel darin andünsten. Knoblauch und Tomaten zufügen und weitere 5 Minuten dünsten. Die restliche Gemüsebrühe zugeben und gut mit Salz, Pfeffer, Paprikapulver und Kreuzkümmel würzen. 15 Minuten köcheln lassen und pürieren.

Die Getreidekörner durchspülen und in einem Sieb abtropfen lassen. Mit Lammhackfleisch, Petersilie und Ei vermischen. Mit Salz, Pfeffer und Muskatnuss gut würzen.

Den Backofen auf 190 °C Ober- und Unterhitze vorheizen.

Die Kohlblätter auf die Arbeitsfläche legen, dicke Rippen entfernen. Die Getreide-Lammhackmischung auf die Kohlblätter legen, die Seitenteile einschlagen und zusammenrollen. Mit Küchengarn oder Rouladennadeln verschließen. Butterschmalz in einem Bräter erhitzen und die Kohlrouladen auf beiden Seiten leicht anbraten. Die Tomatensauce angießen und abgedeckt im Backofen 45 Minuten garen.

Küchengarn oder Rouladennadeln entfernen und mit der Tomatensauce servieren. Dazu passen dicke Bandnudeln oder Kartoffeln.

Lammkeule mit Gemüse und Gerste

Zutaten für 5 Portionen

- 3 Zwiebeln
- 2 Knoblauchzehen
- 1 Stück Sellerieknolle mit Grün, etwa 125 g
- 3 Möhren
- 1 Stange Lauch
- 2 Zucchini
- 5 Tomaten
- 1 Zweig frischer Rosmarin
- 2 Zweige frischer Thymian
- 2 Zweige frischer Salbei, ersatzweise anstelle der frischen Kräuter 1 TL getrocknete Kräuter der Provence
- 2 Lorbeerblätter
- 4 EL Olivenöl
- 25 g Butter
- 1 Lammkeule mit Knochen von etwa 1,6 kg
- 1/2 Liter Gemüsebrühe
- 1/2 Liter guter Rotwein
- Salz, Pfeffer
- 250 g Gerste

Die Zwiebeln und die Knoblauchzehen abziehen. Die Zwiebeln in Ringe schneiden und die Knoblauchzehen zerdrücken. Das Gemüse waschen, putzen und klein schneiden. Die Tomaten überbrühen, häuten, entkernen und hacken. Die Kräuter waschen und bündeln.

Das Olivenöl in einem Bratentopf erhitzen. Die Butter zufügen und die Lammkeule von allen Seiten 10 bis 15 Minuten anbraten. Zuerst die Zwiebeln und die Sellerieknolle zufügen. Nach 5 Minuten die anderen Gemüse, kurz durchschwitzen lassen und mit der Hälfte der Gemüsebrühe und des Rotweins ablöschen. Das Kräuterbündel zufügen, salzen und pfeffern. Abgedeckt bei mäßiger Temperatur entweder auf dem Herd oder im vorgeheizten Backofen 45 Minuten bei 190 °C garen lassen.

Die Gerste einstreuen, die restliche Gemüsebrühe und den Rotwein angießen und weitere 30 Minuten garen, bis die Keule und die Gerste gar sind.

Das Kräuterbündel entfernen und das Gersten-Gemüse gut abschmecken. Die Keule einige Minuten ruhen lassen und aufschneiden.

Tipp: Dazu den gleichen guten Rotwein, der zum Kochen genommen wurde, servieren.

Gerste,

ein schon in der Antike bekanntes Spelzgetreide, wurde als Hauptzutat für Brei und Brote verwendet. Eine neue spelzfreie Züchtung ist die Nacktgerste. Die Inhaltsstoffe ähneln denen von Weizen. Wegen des geringen Anteils an Klebereiweiß eignet sich Gerste schlecht zum Backen, aber geschrotet und gemahlen vorzüglich für Suppen und Aufläufe. Gerste wird in verschiedenen Formen angeboten: Zu Graupen geschliffen ist sie als Perl- oder Rollgerste erhältlich, geschrotet als Gerstengrütze, gewalzt als Gerstenflocken. Gerstenmehl eignet sich besonders gut für Süßspeisen. Es macht sie leicht cremig und harmonisiert gut mit Früchten, weil Gerste Säure neutralisiert. Nicht zu vergessen der Gerstensaft, auch Bier genannt, braucht für seinen guten Geschmack nicht mehr eigens zu werben.

Kokosmilch-Quarkspeise

Zutaten für 4 Portionen

- 3 Eigelbe
- 90 g Zucker
- 150 ml Kokosmilch (Dose)
- 250-300 g Quark
- 2 EL Kokoschips

Die Eigelbe mit Zucker und Kokosmilch im Wasserbad cremig aufschlagen, vom Herd nehmen und abkühlen lassen.

Den gut gekühlten Quark unterrühren, in Glasschälchen füllen, mit Kokoschips bestreuen und servieren.

Tipp: Nach Belieben Früchte der Jahreszeit zerkleinern und unterheben.

Kokosnuss-Schokoladen-Soufflé

Zutaten für 4 Portionen

- 45 g Butter
- 80 g Vollmilch-Schokolade
- 100 ml Milch
- 35 g Zucker
- 1 EL Vanillezucker
- 25 g Kokosraspeln
- 10 g Mehl
- 2 Eier
- 1 Msp. Salz

- 15 g Butter und 15 g Zucker für die Soufflé-Förmchen

Die Butter rechtzeitig aus dem Kühlschrank nehmen, damit sie weich wird. Die Schokolade zerbröckeln, mit der Milch in einen Topf geben und schmelzen lassen.

Vier Soufflé-Förmchen von 8–10 cm Durchmesser mit Butter ausstreichen und Zucker bestreuen. Überflüssigen Zucker durch Umstülpen der Förmchen entfernen. Die Förmchen in den Kühlschrank stellen. Den Backofen auf 170 °C Ober- und Unterhitze vorheizen.

Die weiche Butter mit Zucker und Vanillezucker verrühren. Kokosraspeln und Mehl zufügen. Die heiße Schokoladenmilch zufügen und alles zurück in den Topf geben. Kurz erhitzen und vom Herd nehmen.

Die Eier trennen. Die Eigelbe einrühren und alles abkühlen lassen.

Das Eiweiß mit Salz steif schlagen und unterziehen. Die Masse in die Förmchen füllen und für etwa 20 Minuten in den Backofen stellen.

Mit einem Messer am Rand entlang fahren, stürzen und sofort servieren.
Dazu passt Obstsalat, für Erwachsene auch Rumtopf-Früchte.

Erdmandelcreme

Zutaten für 6 Portionen

- 500 g Rhabarber
- 250 g Erdbeeren
- 1 Vanilleschote
- 150 g Zucker
- 2 EL Pomeranzenblütenwasser
- 100 g Erdmandelflocken oder grobes Erdmandelmehl
- 100 g Schmelzflocken (Hafer)
- 200 ml Sahne

Den Rhabarber und die Erdbeeren waschen. Den Rhabarber schälen und in kleine Stücke schneiden. Die Erdbeeren vom Blütenansatz befreien. Die Vanilleschote aufschneiden und das Mark herauskratzen. Rhabarber, Vanilleschote und -mark sowie Zucker mit 150 ml Wasser in einen Topf geben und bei mäßiger Temperatur 15 Minuten kochen lassen.

Die Vanilleschote entfernen, die Erdbeeren zufügen, einige für die Garnitur zurückbehalten, und pürieren. Pomeranzenblütenwasser, Erdmandelflocken und Schmelzflocken unterrühren. Die Sahne steif schlagen und 2/3 der Menge unterheben. Mit der restlichen Sahne und den halbierten Erdbeeren garniert gut gekühlt servieren.

Erdmandel-Vanillemilch

Zutaten für 4 Portionen

- 6–8 EL Erdmandelflocken oder -mehl
- 6 TL Vanillezucker
- 800 ml Mineralwasser ohne Kohlensäure

Die Erdmandelflocken mit dem Vanillezucker in das Mineralwasser rühren und gut gekühlt servieren.

Erdmandeln

Erdmandeln sind die Wurzelknollen des Zyper- oder Erdmandelgrases. Angebaut werden diese Grasstauden in tropischen Regionen, aber auch im Mittelmeerraum, besonders in der Umgebung von Valencia. Die geernteten Knollen, die Erdmandeln »chufa« mit weißem Fleisch und brauner, runzeliger Schale sind etwas kleiner als Haselnüsse. Ihr Geschmack ist süß mit mandelartigem Aroma.
Erdmandeln sind reich an Stärke, Öl, Zucker und enthalten viel Protein sowie Mineralstoffe. In Spanien werden sie gern roh, geröstet zu Mehl gemahlen in Backwaren und Cremes genossen. Besonders beliebt ist die Erdmandelmilch »horchata de chufa«.

3. Zum Nachmittagskaffee

Pinienkerne,

Piniennüsse, Piniolen, Pignoli, Zirbelnüsse sind die hartschaligen Samen einer südeuropäischen Kiefernart, der Pinie. Die länglichen elfenbeinfarbigen Kerne sind stark ölhaltig und besitzen einen feinharzigen Geschmack. Ganz oder gemahlen b lden sie, roh oder geröstet, eine interessante Zutat zum Garnieren von Salaten, Saucen, pikanten Füllungen, zu Gemüse, Fisch- und Fleischgerichten, Pasteten, Desserts und Gebäck. Für italienisches Pesto sind sie unentbehrlich.

Tipp: Im Handel werden Pinienkerne oft ohne ihre dunkle Schale angeboten. Sie sollten möglichst frisch sein, da sie bald ranzig werden. In einem verschlossenen Behälter können Pinienkerne mehrere Wochen im Kühlschrank aufbewahrt werden.

Mallorquinisches Mandelgebäck mit Pinienkernen

Zutaten für etwa 30 Stück

- 1 unbehandelte Zitrone
- 2 Eier
- 125 g Zucker
- 300 g gemahlene Mandeln
- 1 EL Vanillezucker
- 1/2 TL Zimt
- 200 g Pinienkerne
- 1 Eigelb und 2 TL Milch zum Bestreichen des Gebäcks
- Butter für das Blech

Die Schale der Zitrone abreiben. Die Eier mit dem Zucker verrühren. Mandeln, Zitronenschale, Vanillezucker und Zimt zufügen, zu einem Teig verarbeiten. Diesen zu walnussgroßen Kugeln formen.

Zwei Bleche einfetten. Den Backofen auf 225 °C Ober- und Unterhitze vorheizen.
Die Pinienkerne nach und nach auf einen Teller schütten und die Kugeln darin wälzen. Auf die Bleche setzen. Eigelb und Milch verrühren und das Gebäck damit bestreichen, nicht heruntertropfen lassen, damit es nicht ankleben kann. Für 8 bis 12 Minuten in den vorgeheizten Backofen geben.
Das Mandelgebäck sollte außen goldgelb, innen noch weich und feucht, sein. Ein zu langes Backen lässt es austrocknen.

Kokosnuss,

die eigentlich keine Nuss sondern die Steinfrucht der tropischen Kokospalme ist, wird seit Jahrtausenden in Südostasien, heute in allen tropischen Küstengebieten angebaut. Sie kommt ohne die äußere faserige Schale ganzjährig auf den Markt. Um an das 1 bis 2 cm dicke weiße nussartige Fruchtfleisch zu gelangen, muss zunächst die harte Schale an zwei Stellen der drei Augen angebohrt und das schmackhafte helle Kokoswasser aufgefangen werden. Anschließend wird die Schale aufgesägt oder die Frucht für einige Minuten in den Backofen bei etwa 200 °C erhitzt, damit sie aufspringt. Die Schale kann nun zerschlagen und das Fruchtfleisch ausgelöst werden. Dieses kann roh geknabbert, für asiatische Gerichte geraspelt und zum Backen verwendet werden.

Tipp: Beim Kauf kann man sich durch Schütteln davon überzeugen, ob die Kokosnuss noch frisch ist. Nur wenn die Flüssigkeit innen plätschert, ist die Kokosnuss frisch.

Cranberry-Kokosnusshäufchen

Zutaten für 40–45 Stück

- 100 g Butter
- 125 g Zucker
- 2 Eier
- 1 EL Vanillezucker
- 1 TL abgeriebene unbehandelte Zitronenschale
- 1 EL Zitronensaft
- nach Belieben 2-3 EL Rum
- 70 g getrocknete Cranberries
- 220 g Kokosraspel
- 50 g Raspelschokolade
- 75 g Weizenmehl
- 1 TL Backpulver
- 40–45 Oblaten von 5 cm Durchmesser

Butter und Zucker schaumig rühren. Die Eier nach und nach zufügen und verrühren. Vanillezucker, Zitronenschale und -saft sowie Rum zugeben. Cranberries, Kokosraspel und Raspelschokolade untermischen. Das Mehl mit dem Backpulver vermischen und unterheben.

Den Backofen auf 180 °C Ober- und Unterhitze vorheizen. Ein Backblech mit Oblaten belegen. Mit einem Teelöffel Häufchen der Masse darauf setzen. In den Backofen für etwa 25 Minuten geben. Den Vorgang wiederholen. Nach dem Abkühlen zur Aufbewahrung in Dosen verpacken.

Bananenkuchen

Zutaten für 1 Königskuchenform von etwa 26 cm Länge

- 10 g Butter und 1/2 EL Mehl für die Form

- 120 g Butter
- 190 g Zucker
- 3 Eier
- 2–3 Bananen, 450 g mit Schale
- 1 EL Zitronensaft
- 100 g Kokosraspeln
- 200 g Mehl
- 2 TL Backpulver

Die Form mit Butter einfetten und mit Mehl bestäuben; überschüssiges Mehl wieder ausklopfen. Den Backofen auf 190 °C Ober- und Unterhitze vorheizen.

Die weiche Butter mit dem Zucker schaumig rühren. Die Eier nach und nach dazu geben. Die Schalen der Bananen abziehen. Das Fruchtfleisch zerdrücken oder pürieren, mit Zitronensaft beträufeln und mit den Kokosraspeln zufügen. Das Mehl mit dem Backpulver vermischen und unterrühren.

In die Form füllen und für 55 Minuten, 2. Einschubleiste von unten, backen. Mit einem Hölzchen die Garprobe machen. Wenn kein Teig hängen bleibt, ist der Kuchen fertig.

Weißer Schokoladen-Mandelkuchen

Zutaten für 1 Springform von 20 cm Durchmesser

- 200 g weiße Schokolade
- 4 Eier
- 1 Msp. Salz
- 120 g Puderzucker
- 25 g Mehl
- 150 g Butter
- 120 g gemahlene Mandeln
- 2 EL Orangenlikör
- 10 g Butter und 10 g Mehl für die Form
- Puderzucker zum Bestäuben

Die Schokolade in kleine Stückchen brechen und im Wasserbad schmelzen lassen. Die Eier trennen. Das Eiweiß mit Salz steif schlagen. Eigelb mit Puderzucker so lange schlagen, bis die Masse weiß ist.

Die Form mit Butter einfetten, Mehl bestäuben; das überschüssige Mehl wieder ausklopfen. Den Backofen auf 210 °C Ober- und Unterhitze vorheizen.

Die weiße Schokolade mit dem Mehl zufügen und gut verrühren. Die weiche Butter mit dem Mandelmehl mischen. Den Orangenlikör hineingeben und alles unterziehen. Das Eiweiß unterheben. Die Masse in die Form füllen und glatt streichen. 15 bis 18 Minuten backen. Eine Nadelprobe machen. Der Schokoladenkuchen braucht nicht, wie sonst, im klassischen Test, trocken herauskommen.

Nach dem Auskühlen aus der Form nehmen und mit Puderzucker bestäuben.

Pur oder als Abschluss eines Menüs mit Mandeleis oder Himbeeren oder Erdbeeren servieren

Maronen Gugelhupf mit Mandeln

Zutaten für 1 Napfkuchenform von 1 Liter Inhalt

- 15 g Butter und 20 g gemahlene Mandeln für die Form
- 4 Eier
- 100 g Butter
- 120 g Puderzucker
- 180 g Maronencreme (Dose)
- 125 g gemahlene Mandeln, ohne braune Haut
- 20 g Mehl
- 1–2 Msp. Zimt
- 1 Msp. Salz
- nach Belieben Puderzucker

Eine Napfkuchenform (Gugelhupfform) gut mit Butter einstreichen und Mandeln ausstreuen. Die Form in den Kühlschrank stellen.

3 Eier trennen. Die weiche Butter mit Puderzucker schaumig rühren. Die Eigelbe und das restliche Ei zufügen, 1 bis 2 Minuten weiterrühren. Die Maronencreme hinzugeben, dann Mandeln, Mehl und Zimt. Das Eiweiß mit Salz steif schlagen und unterziehen.

Die Masse in die Form füllen und im Backofen bei 180 °C auf der 2. Einschubleiste von unten 40 bis 45 Minuten backen. Etwas erkalten lassen, stürzen und mit Puderzucker bestreuen.

Mandeln

sind die Steinfrüchte, die ovalen, flach gewölbten Samen des Mandelbaumes, der ursprünglich in Vorder- und Zentralasien beheimatet war. Heute werden Mandelbäume in allen Regionen mit mildem Klima, wie den Mittelmeerländern, Südafrika, Kalifornien und Australien angebaut. Süße Mandelkerne besitzen einen feinen, lieblichen, milden Geschmack und eignen sich für Süßspeisen, Gebäck, Obstsalate, aber auch für Fisch-, Geflügel-, Fleisch-, Nudel- und Reisgerichte. Die besten Süßmandeln kommen aus Italien, Spanien, Portugal, Griechenland und der Türkei. Bittere Mandeln sind noch aromatischer, doch sie enthalten das Amygdalin, das leicht giftige Blausäure abspaltet. Bittere Mandeln dürfen daher nicht roh gegessen werden, doch beim Erhitzen durch Kochen oder Backen verflüchtigt sich Blausäure und man kann sie bedenkenlos in kleinen Mengen genießen. Die besten Bittermandeln kommen aus Avola, Bari/Italien und aus der Provence/Frankreich. Süße Mandeln sind wertvolle Fett- und Eiweißlieferanten, die Energie und Nerven stärken. Der Handel bietet Mandeln in Schalen, als Kern mit oder ohne Haut, gehobelt als Blätter, zu Stiften geschnitten, gehackt und gemahlen an.
Mandeln ohne Schalen sollten gegen Licht, Wärme und Feuchtigkeit geschützt, also gut verschlossen im Kühlschrank gelagert werden. Mandeln können leicht von der dünnen braunen Haut befreit werden, indem man sie etwa 2 Minuten in kochendem Wasser blanchiert, kurz mit kaltem Wasser übergießt, zwischen Daumen, Zeige- und Mittelfinger reibt, und schon lässt sich die Haut spielend lösen.

Pecannüsse

sind die länglich-ovalen Früchte des amerikanischen Hickorybaumes, der eine Höhe von 50 Metern erreichen kann. Dieser ist mit dem Walnussbaum eng verwandt und hat sein Verbreitungsgebiet im Süden der USA und Mexiko. Inzwischen wird der Baum auch in Israel, Südafrika, Indien und China angebaut. Die länglichen, mehrfach gefurchten Kerne schmecken walnussähnlich und leicht süßlich. Der Fett- und Mineralstoffanteil, besonders Kalium, Phosphor, Magnesium und Calcium ist groß. Pecannusskerne finden als Snack, als Zugabe für Salate, in Gemüse-, Fischgerichten und vor allem in Desserts und Gebäck Verwendung.

Pecannuss-Schokoladenkuchen

Zutaten für 1 Quicheform von 20 cm Durchmesser

Für den Teig:

- 140 g Mehl, Type 405
- 1 Msp. Salz
- 40 g Butter
- 15 g frische Hefe, ersatzweise Trockenhefe
- 25 g brauner Rohrzucker
- 1 Ei
- 40 g Quark

Für den Belag:

- 140 g Pecannusskerne
- 80 g zartbittere Schokolade
- 25 g Butter
- 2 Eier und 1 Eigelb
- 80 g brauner Rohrzucker
- 1 EL Vanillezucker

- 10 g Butter und 10 g Mehl für die Form
- Schokoladenkuvertüre für die Garnitur, ersatzweise Puderzucker

Das Mehl in eine Schüssel sieben, salzen und eine Mulde eindrücken. Die Butter in kleine Stücke schneiden, zufügen und mit dem Mehl zerbröseln. Die Hefe zerbröckeln und mit braunem Rohrzucker, Ei und Quark zugeben. Alles schnell zu einem Teig verarbeiten. Abgedeckt etwa 50 Minuten ruhen lassen.

Inzwischen 125 g Pecannusskerne hacken, die restlichen für die Garnitur zurückbehalten. Die Schokolade im Wasserbad schmelzen. Die Butter in einem Töpfchen schmelzen.

Die Form mit Butter einfetten und mit Mehl ausstäuben; überschüssiges Mehl ausklopen. Den Backofen auf 175 °C vorheizen.

Den Teig zwischen zwei Lagen Klarsichtfolie ausrollen. Die Form damit auslegen und einen Rand hoch drücken. 5 bis 10 Minuten ruhen lassen.

Die Eier und das Eigelb mit dem braunen Rohrzucker und dem Vanillezucker schaumig rühren. Die Butter, die Schokolade sowie die gehackten Pecannusskerne zufügen. Alles auf dem Teigboden verteilen. Im Backofen auf der 2. Einschubleiste von unten 20 Minuten backen, dann 20 bis 25 Minuten bei 160 °C.

Den Kuchen abkühlen lassen. Vorsichtig aus der Form nehmen, mit Kuvertüre überziehen und mit den Pecannusskernen verzieren.

Tipp: Der Teig kann auch zu Fladen geformt werden. 1 Eigelb mit 1 bis 2 Esslöffeln Milch verrühren. Die Fladen damit bestreichen und mit gehackten Pekannusskernen und braunem Rohrzucker bestreuen. Im vorgeheizten Backofen bei 170 bis 175 °C 22 bis 25 Minuten backen. Besonders für Kinder geeignet!

Paranusskuchen
mit Aprikosen

Zutaten für 1 Quicheform von etwa 22 cm Durchmesser

Für den Teig:

- 75 g geschälte Paranüsse
- 150 g Mehl
- 2 TL Backpulver
- 75 g Butter
- 1 Ei
- 2 EL Ahornsirup
- 1 EL kaltes Wasser

- 10 g Butter und 10 g Mehl für die Form

Für den Belag:

- 1 große Dose Aprikosen, Inhalt 820 g brutto, 480 g netto
- 2 Eier
- 200 g Crème fraîche
- 60 g Zucker
- 1 1/2 EL Vanillezucker

Die Paranüsse klein hacken und mit Mehl und Backpulver in einer Schüssel vermischen. Die kalte Butter in Stückchen dazugeben sowie Ei, Ahornsirup und Wasser. Mit den Fingern abbröseln und zu einem homogenen Teig verarbeiten. In Klarsichtfolie wickeln und für 1 Stunde in den Kühlschrank legen.

Die Quicheform mit Butter einfetten und Mehl bestäuben; überflüssiges Mehl wieder ausklopfen. Den Backofen auf 190 °C Ober- und Unterhitze vorheizen. Den Teig zwischen Klarsichtfolie ausrollen und in die Form geben. Einen Rand hoch drücken. Mit einer Gabel mehrfach einstechen und Backpapier darauflegen, mit Hülsenfrüchten beschweren. Für 15 Minuten in den Backofen geben. Backpapier und Hülsenfrüchte entfernen.

Die Aprikosen in ein Sieb geben und abtropfen lassen. Eier, Crème fraîche, Zucker und Vanillezucker verrühren. Die Aprikosen auf den vorgebackenen Teig geben, mit der Eier-Crème-fraîche übergießen und in den vorgeheizten Backofen für weitere 30 bis 35 Minuten geben.

Tipp: Der Paranussteig eignet sich auch sehr gut für amerikanische Cookies.
Den Teig zwischen Klarsichtfolie ausrollen und mit einem Ausstecher oder einem Glas Kreise von etwa 6 cm ausstechen. Diese Masse ergibt etwa 20 Stück. Auf ein gefettetes Blech geben, mit Ahornsirup bestreichen und für 20 bis 25 Minuten in den auf 190 °C vorgeheizten Backofen stellen.

Schweizer Brottorte

Zutaten für 2 Obstkuchenformen von 23 cm Durchmesser oder 2 Königskuchenformen (Kastenform)

- 1/2 Liter Milch, Magerstufe
- 250 g altes Brot (Weizen-, Dinkel-, Roggenbrot oder gemischt)
- 100 g Rosinen
- 50 ml Cognac
- 150 g gute Schokolade mit einem hohen Kakaoanteil
- 125 g brauner Rohrzucker
- 100 g Butter
- 3 Eier
- 175 g gemahlene Haselnüsse
- 3 EL Vanillezucker
- 2 EL Crème fraîche
- 1 TL abgeriebene unbehandelte Zitronenschale
- 1 EL Mehl
- nach Belieben Schokoladen-Kuvertüre

- 15 g Butter und 15 g Mehl für die Formen

Die Milch zum Kochen bringen. Das Brot in eine große Schüssel geben und mit kochender Milch übergießen, etwa 20 Minuten einweichen und dann mit dem Mixstab pürieren. Die Rosinen in Cognac einweichen. 100 g Schokolade im Wasserbad schmelzen, die restliche Schokolade reiben. Den braunen Rohrzucker mit Butter in einen kleinen Topf geben und schmelzen lassen.

Die Formen mit Butter ausstreichen und Mehl bestäuben. Den Backofen auf 175 °C Ober- und Unterhitze vorheizen. Eier, Schokolade, Haselnüsse, Butter-Zuckergemisch, Vanillezucker, Crème fraîche und Zitronenschale zu der Brotmasse geben und untermischen. Die Rosinen in Mehl wälzen und darunter heben. Die Masse in die Formen füllen und in den vorgeheizten Backofen, 2. Einschubleiste von unten, für 55 bis 65 Minuten stellen. In einer Königskuchen- (Kastenform) braucht die Brottorte etwa 65 Minuten, in der flachen Form 55 Minuten.
Nach Belieben die Torte mit der aufgelösten Schokoladenkuvertüre bestreichen.

Tipp: Eine Brottorte einfrieren; sie eignet sich gut dafür.

Haferflockenkekse

Zutaten für 20–25 Stück

- 60 g zarte Haferflocken
- 65 g Weizenmehl, Type 405
- 1 TL Backpulver
- 90 g brauner Rohrzucker
- 1 EL Vanillezucker
- 1 Ei
- 25 g Butter
- nach Belieben 50 g getrocknete Aprikosen, etwa 12 Stück
- oder 35 g Raspelschokolade
- 10 g Butter für das Blech
- 1/2 EL Mehl

Alle Zutaten in eine Schüssel geben und zu einem Teig verarbeiten. Die Butter sollte dafür Zimmertemperatur haben. Entweder die Aprikosen in winzige Stücke schneiden und unterarbeiten oder die Raspelschokolade zufügen.

Ein Backblech mit Butter einfetten. Den Backofen auf 210 °C Ober- und Unterhitze vorheizen.

Kleine, höchstens walnussgroße Kugeln formen und auf das Blech setzen. Eine Gabel in Mehl tauchen und die Kugeln flach drücken. In den Backofen für etwa 12 Minuten geben. Herausnehmen und abkühlen lassen.

Weihnachtlicher Nusskuchen

Zutaten für 1 Quicheform von 20 cm Durchmesser

- 60 g Walnusskerne
- 120 g gemahlene Mandeln
- 100 g Orangeat
- 1 TL abgeriebene unbehandelte Zitronenschale
- 1 EL Vanillezucker
- 3/4 TL Lebkuchengewürz
- 2–3 Msp. Zimt
- 2 Eier
- 3 EL Sahne
- 80 g Mehl
- 1 TL Backpulver
- 50 g Butter
- 2 EL Honig
- 80 g Zucker

- 10 g Butter und 10 g Mehl für die Form

Die Walnusskerne hacken und mit Mandeln, gehacktem Orangeat, Zitronenschale, Vanillezucker, Lebkuchengewürz, Zimt, Eiern und Sahne in eine Schüssel geben. Das Mehl mit dem Backpulver mischen und zugeben. Alles verrühren.

Butter, Honig und Zucker in einen kleinen Topf geben und schmelzen lassen. Vom Herd nehmen, 2 Minuten stehen lassen und unter die übrigen Zutaten mischen.

Den Backofen auf 190 °C vorheizen. Die Quicheform mit Butter einfetten, Mehl bestäuben; überflüssiges Mehl wieder ausklopfen. Die Masse einfüllen, glatt streichen und in den Backofen für etwa 30 Minuten geben. Erkalten lassen!

Vollkorn-Haselnusswaffeln

Zutaten für 4 Waffeln

- 40 g Butter und 25 g Butter für das Waffeleisen
- 1 Ei
- 40 g brauner Rohrzucker
- 1 EL Vanillezucker
- 60 g gemahlene Haselnüsse
- 50 g Dinkel- oder Vollkornweizenmehl
- etwa 125 ml Milch
- nach Belieben Puderzucker, Konfitüre und Schlagsahne

Die Butter schmelzen und etwas abkühlen lassen.

Ei, geschmolzene Butter, braunen Rohrzucker, Vanillezucker, gemahlene Haselnüsse und Dinkel- oder Vollkornweizenmehl in einer Schüssel verrühren. Die Milch zufügen und etwa 15 Minuten quellen lassen.

Das Waffeleisen beidseitig mit Butter einstreichen. Etwas Teig hinein geben und einige Minuten backen. Mit Puderzucker bestäuben. Warm mit Konfitüre, Sahne oder auch mit Kastanienpüree oder Kompott servieren.

Tipp: Bei Verwendung von Mehl der Type 405 sollten 10 bis 15 g mehr Mehl genommen werden.
Die Butter kann durch Haselnussöl ersetzt werden.

Roggen

wurde, wie der Weizen, ursprünglich im asiatischen Raum kultiviert. Wegen seiner Genügsamkeit und Kälteunempfindlichkeit fand er sein Verbreitungsgebiet bis zum Polarkreis. Der größte Teil der Welterzeugung stammt aus Russland, Skandinavien und Mitteleuropa. Das Korn ist von grünlich-blauer Färbung und länger als das Weizenkorn. Es enthält viel Kalzium, Kalium, Eisen, Phosphor und Vitamine der B- sowie E-Gruppe. Der Eiweißgehalt ist etwas niedriger als beim Weizen, dafür aber hochwertiger. Der Anteil an Ballaststoffen ist recht hoch. Das ganze Korn, Mehl oder Schrot mit unterschiedlichen Ausmahlungsgraden 815, 997, 1150, 1370, 1740 und 1800 (Schrot) lässt sich, wie Weizen, in der Küche zubereiten. Zur Teigbereitung von Roggengebäck kann ein Sauerteig hergestellt werden. Dazu wird Roggenmehl mit warmem Wasser angesetzt und mehrere Tage an einem warmen Ort abgedeckt stehen gelassen. Schneller geht es mit einem Sauerteigextrakt. Zum Lockern des Teiges kann man auch Hefe einsetzen. Roggen enthält zwar weniger Klebereiweiß, ist weniger quellfähig und die Backeigenschaften sind deshalb nicht so gut wie beim Weizen, doch kann man diesen Mangel leicht durch Zugabe von etwas Weizenmehl ausgleichen.

Gewürzbrot mit Lavendelhonig

Zutaten für 1 Brot

- 300 g Lavendelhonig, ersatzweise Blütenhonig
- 1 Ei
- 300 g Vollkornroggenmehl
- 75 g kandierter Ingwer
- 60 g brauner Rohrzucker
- 2 1/2 TL Backpulver
- 1 TL Natron
- 60 g blättrig geschnittene · Mandeln
- 1 TL gemahlener Anis
- 1 TL gemahlener Zimt
- 1/2 TL gemahlene Nelken
- je 1 TL abgeriebene Orangen- und Zitronenschale
- bei Bedarf einige EL Milch
- Butter für das Blech

Den Honig leicht erwärmen, das Ei zufügen, verrühren und mit dem Roggenmehl vermischen. Zu einem festen Teig verkneten. 50 bis 60 Minuten ruhen lassen.

Den Backofen auf 180 °C Ober- und Unterhitze vorheizen. Ein Backblech mit Butter einfetten.

Den kandierten Ingwer in kleine Stücke schneiden und mit braunem Rohrzucker, Backpulver, Natron, Mandeln und Gewürzen zu dem Teig geben. 5 Minuten kneten, bis er die richtige Beschaffenheit hat, das heißt geschmeidig genug ist. Eventuell noch einige Esslöffel Milch zufügen. Den Teig zu einem Brotlaib formen und auf das vorbereitete Blech geben. In den Backofen für etwa 50 Minuten stellen.

Muffins mit Wildpreiselbeeren

Zutaten für 1 Muffinblech mit 6 Vertiefungen

- 10 g Butter und 10 g Mehl für das Blech

- 50 g weiße Schokolade
- 1 Banane, brutto 140 g, netto 80 g
- 2 Eier
- 50 g Butter
- 25 g Fruchtzucker
- 1 EL Vanillezucker
- 2 Msp. Zimtpulver
- 1 Msp. Salz
- 40 g Roggenmehl
- 40 g Weizenmehl
- 1 TL Weinstein/Backpulver
- 50 g gemahlene Haselnüsse
- etwa 3 EL Milch
- 120 g Wildpreiselbeeren (Glas)
- weiße Schokoladenkuvertüre

Die Muffinvertiefungen mit Butter einfetten und Mehl bestäuben; überschüssiges Mehl wieder ausklopfen. Den Backofen auf 185 °C vorheizen.

Die Schokolade im Wasserbad schmelzen lassen. Die Banane pürieren. Die Eier trennen. Die Butter mit dem Fruchtzucker verrühren. Vanillezucker, Zimtpulver, Salz und Eigelb zugeben und weiterrühren. Die beiden Mehlsorten und das Backpulver mischen und mit den Haselnüssen zufügen. Nun die Milch unterrühren. Das Eiweiß zu Schnee schlagen und mit den Wildpreiselbeeren unterheben.

Den Teig in die Vertiefungen geben. Sie sollten nur zu 2/3 gefüllt sein. In den Backofen, 2. Einschubleiste von unten, für 22 bis 25 Minuten stellen.

Nach dem Herausnehmen mit der weißen Schokoladenkuvertüre spiralförmige Muster auftragen.

4. Ein Abend zu zweit

Couscous

steht einerseits für das körnige Produkt aus grob gemahlenem Hartweizengrieß und andererseits für das bekannte nordafrikanische Gericht, das vor allem in Algerien, Tunesien und Marokko gegessen wird. Ohne weitere Zutaten kann Couscous wie etwa Reis als Beilage zu Gemüse-, Fisch- oder Fleischgerichten serviert werden. Auch verarbeitet zu Salaten, Suppen und Desserts, eignet sich Couscous sehr gut.

Couscous mit Rübstiel und Jasminblüten-Essig

Zutaten für 2 Portionen

- Salz
- 2 EL Olivenöl
- 125 g Couscous, Instant
- 1 Möhre, etwa 100 g
- 1 EL Butter
- 100 g Rübstiel, möglichst Sorte Namenia
- 1 Msp. gemahlener Koriander
- 1/2 TL gemahlener Kreuzkümmel
- 2 TL Jasminblüten-Essig, ersatzweise Apfelessig

400 Milliliter Wasser zum Kochen bringen. Salzen und 1 Esslöffel Olivenöl hinzufügen. Couscous einstreuen, rühren und noch 2 bis 3 Minuten bei sehr geringer Hitze ziehen lassen.
Die Möhre waschen, schaben und in Stifte schneiden. Das restliche Öl erhitzen und die Butter zufügen. Die Möhre hinein geben und unter Rühren einige Minuten dünsten, bis sie weich, jedoch noch knackig ist.

Rübstiel waschen, trocken tupfen und in schmale Streifen schneiden oder hacken. Couscous, Möhre und Rübstiel mischen und mit Salz, Koriander, Kreuzkümmel und Jasminblütenessig gut abschmecken.

Couscous-Gugelhupf

Zutaten für 1 Gugelhupfform von 16–17 cm Durchmesser

- 200 ml Gemüsebrühe
- 2 EL Olivenöl
- 100 g Couscous
- 1 kleine Zwiebel, 50 g
- 1 Knoblauchzehe
- 75 g Champignons, etwa 5 Stück
- 50 g magerer geräucherter Bauchspeck
- 2–3 Zweige Petersilie
- 125 g Achatschneckenfleisch, Dose
- 20 g Butter
- Salz
- frisch gem. schwarzer Pfeffer
- 2 Eier
- 15 g Mehl
- 2 EL Crème fraîche
- 50 g ger. Käse wie Emmentaler oder Gruyère

- 10 g Butter und 10 g Mehl für die Form

Die Gemüsebrühe mit 1 EL Olivenöl zum Kochen bringen. Couscous einrühren und 5 Minuten ausquellen lassen oder je nach Angabe des Herstellers.
Die Zwiebel und die Knoblauchzehe abziehen. Die Zwiebel fein würfeln und die Knoblauchzehe zerdrücken. Die Champignons putzen und klein schneiden. Den Bauchspeck fein würfeln und die Petersilie waschen und hacken. Die Achatschnecken klein schneiden.

Das restliche Olivenöl in einer Pfanne erhitzen. Die Butter zufügen. Zwiebel und Bauchspeck hineingeben. Nach 2 Minuten Champignons, Knoblauch und Schneckenfleisch einrühren. Mit Salz und Pfeffer würzen. 4 bis 5 Minuten garen und vom Herd nehmen. Couscous mit einer Gabel lockern und zufügen.
Die Gugelhupfform mit Butter einfetten und mit Mehl bestäuben; überschüssiges Mehl ausklopfen. Die Form in den Kühlschrank stellen. Den Backofen auf 175 °C Ober- und Unterhitze vorheizen.

Eier. Mehl, Crème fraîche und Käse zur Couscousmasse geben und gut vermischen. Mit Salz und Pfeffer abschmecken. In die Gugelhupfform füllen und auf der 2. Einschubleiste von unten 45 bis 50 Minuten backen. Vor dem Stürzen etwas auskühlen lassen.

Tipp: Nach Belieben mit einer Joghurt-Kräutercreme servieren.

Einkorn in Chicoréeschiffchen
mit pochierten Wachteleiern

Zutaten für 2 Portionen

- 100 g Einkorn
- 20 g glattblättrige Petersilie
- 2–3 EL Cocoscreme (Dose)
- 1 Staude roter Chicorée, ersatzweise weißer Chicorée
- Salz
- frisch gemahlener Pfeffer
- 1 TL Essig
- 6 Wachteleier

400 ml Wasser zum Kochen bringen. Das Einkorn hinein schütten, einmal durchheben und abgedeckt bei mäßiger Temperatur etwa 30 Minuten kochen lassen. Die Flüssigkeit sollte verkocht sein, sonst abgießen und anderweitig verwerten.

Die Petersilie waschen, trocken tupfen, die Blättchen von den Stielen zupfen, mit der Cocoscreme pürieren. Den Chicorée waschen und die einzelnen Blätter lösen. 6 Blätter bereit legen, restliche anderweitig verwerten. Cocoscreme mit dem Einkorn vermischen. Mit Salz und Pfeffer gut würzen und in die Chicoréeblätter füllen. Auf 2 Tellern sternförmig anrichten.

1/2 Liter Wasser zum Kochen bringen. Essig und Salz zufügen. Die Wachteleier einzeln in einer Tasse aufschlagen und in das kochende Wasser gleiten lassen. Bei mäßiger Temperatur 2 Minuten gar ziehen lassen. Die Eier mit einer Schaumkelle herausnehmen, auf die gefüllten Chicoréeblätter verteilen und sofort servieren.

Tipp: Die doppelte Menge Einkorn kochen und am nächsten Tag 100 g davon mit gegartem Gemüse anreichern. Mit einer leichten Mayonnaise binden, fertig ist der Salat!

Einkorn,

auch Blicken genannt, stammt von einer Gräserwildform aus dem griechisch-vorderasiatischen Raum ab. Es war das Getreide der Babylonier und Ägypter, die es um 4000 v. Chr. züchteten. Auch in Süddeutschland wurde es angebaut. Es gilt als der Urweizen. Es hat eine gedrungene, zweizeilige, begrannte Ähre mit einem Korn je Spelzverschluss. Einkorn ist frosthart und genügsam. Hauptsächlich wird es zu Graupen und Grieß verarbeitet.

Mais,

Corn, Türkenkorn, Welschkorn, Kukuruz, diente schon vor 5000 bis 7000 Jahren den Kulturvölkern in Mittel- und Südamerika als Hauptnahrungsmittel. Erst nach der Entdeckung Amerikas führten die Spanier ihn in Europa ein. Der Balkan, Italien, Frankreich und Spanien sind neben Russland und Amerika die Hauptanbaugebiete. Von den vielen Sorten wird der Zucker- oder Gemüsemais hauptsächlich als Nahrungsmittel in Form von Kolben verwendet. Im Vergleich zu Körnermais, auch Futtermais genannt, der weniger Zucker aber mehr Stärke enthält, sind die gelben bis weißen Zuckermaiskörner weicher, süßer und saftiger. Sie sind eine beliebte Zutat für Suppen.

Frische Maiskolben können im Ofen oder auf Holzkohle gegrillt werden. Getrockneter Mais (Puffermais) wird in einem abgedecktem Topf mit etwas Öl gebraten, bis die Körner aufplatzen und das beliebte Popkorn entsteht. Frische Maiskörner sind eine besondere Delikatesse; Tiefkühlware ist ein guter Ersatz. Außerdem werden kleine Kolben und Körner in Dosen und Gläsern angeboten. Die asiatische Küche bevorzugt kleine frische Kolben.

Suppe aus frischen Maiskörnern

Zutaten für 2 Portionen

- 2 frische Maiskolben, nach dem Putzen etwa 300 g Maiskörner
- 2–3 Tomaten
- 1 Stange Lauch
- 3/4 Liter Gemüsebrühe
- Salz
- frisch gemahlener weißer Pfeffer

Die Maiskörner von den Kolben streifen. Die Tomaten überbrühen, häuten, grob entkernen und hacken. Den Lauch waschen, putzen und in Ringe schneiden.

Die Gemüsebrühe in einen Topf geben. Die Gemüse zufügen und abgedeckt bei mäßiger Temperatur 20 bis 25 Minuten kochen lassen. Mit Salz und Pfeffer gut abschmecken und servieren.

Tipp: Frische Maiskolben werden am besten im Kühlschrank aufbewahrt; sie lassen sich auch gut einfrieren. Zuvor sollten sie jedoch kurz blanchiert werden.

Thailändische Mais-Garnelen-Suppe

Zutaten für 2 Portionen

- 3 Schalotten, ersatzweise 1 Zwiebel
- 1 Knoblauchzehe
- 1 Stange Zitronengras
- 1 Stück frischer Ingwer, etwa 3 cm
- 1 kleine rote Chilischote, mäßig scharf
- einige Zweige frisches Koriandergrün
- 2 EL Soja- oder Erdnussöl
- 400 ml Gemüsebrühe
- 120 ml Kokoscreme
- 1 kleine Dose Maiskörner oder TK Produkt
- 8–10 küchenfertige Garnelen
- 2 EL Fischsauce
- Salz
- frisch gemahlener schwarzer Pfeffer
- 1–2 EL Limettensaft

Die Schalotten und die Knoblauchzehe abziehen. Die Schalotten fein würfeln und die Knoblauchzehe zerdrücken. Den unteren Teil des Zitronengrases sehr fein hacken. Den Ingwer schälen und ebenfalls hacken. Die Chilischote aufschneiden, entkernen, die Zwischenwände entfernen und in winzige Stücke schneiden. Den Koriander waschen und sehr klein schneiden, einige Blättchen für die Garnitur zurückbehalten.

Das Öl in einem Topf erhitzen. Die Schalotten darin einige Minuten andünsten. Knoblauch, Zitronengras, Ingwer und Chilischote zufügen, 2 Minuten weiterdünsten. Die Gemüsebrühe und die Kokoscreme hinzugeben, ebenso Maiskörner und Garnelen. Mit Fischsauce, Salz und Pfeffer würzen. Kurz erhitzen , mit Limettensaft und Koriander abrunden.

Die Suppe mit den Korianderblättchen bestreut servieren.

Maismehlwaffeln mit Bärlauch

Zutaten für 4 Waffeln

- 25 g Butter und 25 g Butter zum Backen der Waffeln
- 1 Ei
- 25 g Maismehl
- 45 g Weizenmehl, Type 405
- 1 1/2 TL getrockneter Bärlauch
- 45 g ger. Emmentaler Käse
- 125 g Buttermilch
- etwa 75 ml Milch oder Sahne
- Salz
- frisch gem. weißer Pfeffer

Die Butter schmelzen und etwas abkühlen lassen. Das Ei trennen. Eigelb, Maismehl, Weizenmehl, Bärlauch, Emmentaler Käse, Buttermilch und Milch verrühren. Mit Salz und Pfeffer würzen. Das Eiweiß steif schlagen und unterheben.

Das Waffeleisen beidseitig mit Butter ausstreichen. Etwas Teig hinein geben und in einigen Minuten ausbacken.

Tipp: Mit der nachfolgenden Paprikacreme oder mit dem Tomatenpesto sind diese Waffeln ein besonderer Genuss.

Paprikacreme

- 1 Zwiebel
- 1 rote Paprikaschote (250g)
- 1 EL Olivenöl
- 10 g Butter
- 1 1/2 TL Tomatenmark
- Salz
- frisch gem. schwarzer Pfeffer
- 1/2–1 TL Paprikapulver, edelsüß
- nach Belieben 2–3 EL Crème fraîche

Die Zwiebel abziehen und hacken. Die Paprikaschote waschen, aufschneiden, von Samen und Zwischenwänden befreien und klein schneiden. Das Olivenöl in einem Topf erhitzen. Die Butter zufügen. Zwiebel und Paprikaschote darin andünsten. Das Tomatenmark zufügen. Mit 200 ml Wasser ablöschen und mit Salz, Pfeffer und Paprikapulver gut würzen. 15 Minuten bei mäßiger Temperatur kochen und pürieren. Nach Belieben mit Crème fraîche verfeinern.

Tomatenpesto

Zutaten für 2 Portionen

- 100 g getrocknete Tomaten
- 250–300 ml Rotwein
- etwa 40 g brauner Rohrzucker
- 50 ml Balsamicoessig
- Salz
- frisch gem. schwarzer Pfeffer
- 80 g gemahlene Mandeln
- 5 EL Oliven- oder Mandelöl

Die Tomaten in einen kleinen Topf geben und mit dem Wein übergießen. Abgedeckt etwa 12 Stunden stehen lassen. Den braunen Zucker zufügen und 20 Minuten bei mäßiger Temperatur kochen lassen. Balsamicoessig zugießen und mit Salz und Pfeffer würzen. Vom Herd nehmen und pürieren. Die Mandeln und das Olivenöl unterrühren und abschmecken.

Tipp: Reste halten sich, mit Olivenöl begossen, etwa 1 Woche im Kühlschrank.

Reis und Fisch im Reisblatt

Zutaten für 2 Portionen = 6 Reispäckchen

- 60 g Basmatireis
- Salz
- 40 g frische Meeresalgen
- 180–200 g Fischfilet, vorzugsweise Heilbutt
- 1/2–1 Limette
- frisch gem. weißer Pfeffer
- 6 Reisblätter von 21–22 cm Durchmesser
- 3–4 El Erdnussöl
- zum Servieren Sojasauce

200 ml Wasser zum Kochen bringen, salzen und den Basmatireis einstreuen. Einmal durchheben und abgedeckt bei mäßiger Temperatur ohne Umrühren etwa 15 Minuten kochen lassen. Das Wasser sollte verdampft und der Reis noch bissfest sein.

Die Algen waschen, putzen und trocken tupfen. Das Fischfilet in 30 bis 35 g große Stücke schneiden, mit Limettensaft beträufeln, salzen und pfeffern.

Die Reisblätter nach und nach in heißes Wasser tauchen, herausnehmen und auf ein sauberes Küchentuch legen. Mit Reis, Fisch und Algen füllen und zu Päckchen verschließen.
Das Erdnussöl in einer Pfanne erhitzen und die Reispäcken hineingeben. Nach 3 bis 4 Minuten wenden und die andere Seite genau so braten lassen. Herausnehmen und mit Sojasauce servieren.

Maronen-Tortelloni
und Carpaccio von Rote Beten

Zutaten für 2 Portionen

Für die Tortelloni:
(etwa 18 Stück)

- 100 g Mehl, Type 405
- 100 g Maronimehl
- 100 g Butter
- 1 Ei
- 1 EL kaltes Wasser
- Salz
- 1 Ei zum Bestreichen der Ränder

Für die Füllung:

- 100 g getrocknete Tomaten
- etwa 150 ml trockener oder halbtrockener Rotwein
- 60 g brauner Rohrzucker
- 50 ml roter Balsamicoessig
- 60 g gemahlene Mandeln
- Salz
- frisch gemahlener schwarzer Pfeffer

Für das Carpaccio:

- 2 Rote Beten, etwa 300 g
- Salz
- 30 ml Rotweinessig
- 1-2 EL Balsamicoessig
- 1 1/2 EL Trüffelöl, ersatzweise ein anderes hochwertiges Öl
- 25 g blättrig geschnittene Mandeln (Mandelblättchen)
- schwarzer Pfeffer
- 1/2 Bund Schnittlauch

Die Zutaten für die Tortelloni zu einem geschmeidigen Teig verarbeiten. In Klarsichtfolie verpacken und 1 Stunde in den Kühlschrank legen.

Inzwischen die Füllung herstellen. Die Tomaten mit 150 ml Rotwein in einen Topf geben und 12 bis 15 Minuten bei mäßiger Temperatur kochen lassen. Den braunen Rohrzucker in einem Topf karamellisieren lassen und mit dem Balsamicoessig ablöschen; eventuell noch restliche Rotweinbrühe vom Kochen und die Tomaten zufügen. Einige Minuten köcheln lassen, pürieren und die Mandeln zufügen. Mit Salz und Pfeffer würzen.

Die Rote Beten waschen und mit Schale in kochendes Wasser geben, salzen und den Rotweinessig zugeben. Die Rote Beten je nach Größe etwa 20 Minuten kochen, bis sie weich, aber noch bissfest sind.

Für die Vinaigrette Salz und Balsamicoessig verrühren und das Trüffelöl zufügen. Die Mandelblättchen in einer trockenen Pfanne rösten, dabei aufpassen, dass sie nicht zu dunkel werden.

Den Teig dünn ausrollen. Das geht am besten zwischen Klarsichtfolie. Rondellen von etwa 7 cm ausstechen. Etwas von der Füllung hinein geben. Die Ränder mit dem verquirlten Ei bestreichen und zu einem Halbmond zusammenfalten. Wasser zum Kochen bringen, salzen und die Tortelloni bei mäßiger Temperatur etwa 5 Minuten ziehen lassen. Mit einer Schaumkelle herausnehmen und abtropfen lassen.

Die Rote Beten herausnehmen, schälen und in hauchdünne Scheiben schneiden. Auf Tellern dekorativ im Kreis anrichten. Mit der Vinaigrette beträufeln. Den Pfeffer darüber mahlen und mit Mandelblättchen bestreuen. Die Tortelloni in der Mitte plazieren. Den Schnittlauch waschen, trocken tupfen, in Röllchen schneiden und die Tortelloni damit bestreuen.

Tipp: Die Tortelloni können auch eingefroren werden. Die Füllung für die Tortelloni hält sich im Kühlschrank gut 1 Woche und kann mit etwas Oliven- oder Mandelöl verfeinert zu Pasta-Gerichten gereicht werden. Anstelle der Tortelloni passen zu den Rote Beten auch Scheiben von geräucherter Entenbrust, Sülze oder Geflügelleberterrine. Bei Zeitmangel auf vorgekochte Rote Beten zurückgreifen.

Wildreis,

ein Verwandter der Kulturreispflanze, ist ein Rispengras, das an den klaren Gewässern nordamerikanischer und kanadischer Seen wild wächst. Die sehr aufwändige Erntemethode macht den nährstoffreichen Wildreis recht teuer. Er wird vom Kanu aus geerntet, indem die Körner mit Stöcken aus den Rispen geschlagen werden. Sein delikater, intensiver Geschmack macht ihn zu einer Besonderheit für Feinschmeckergerichte.

Wildreispuffer und Avocado
mit Joghurt-Senf-Dip

Zutaten für 5 Stück

Für die Wildreispuffer:

- 75 g Wildreis
- 1 Stück rote Zwiebel, etwa 30 g
- 1 kleines Ei
- Salz
- frisch gemahlener schwarzer Pfeffer

Für den Dip:

- 1/2 Bund Schnittknoblauch
- 1/2 kleine rote frische Chilischote
- nach Belieben 1 Knoblauchzehe
- 1 EL Estragonsenf
- 125 g cremiger Naturjoghurt, 3,5 % Fettgehalt
- Salz
- frisch gemahlener schwarzer Pfeffer

- 2 EL Walnussöl
- 2 TL Butter

- 1 Avocado

Den Wildreis abspülen. 300 ml Wasser in einem Topf zum Kochen bringen. Den Wildreis hineinschütten, einmal durchheben und ohne weiteres Rühren abgedeckt bei mäßiger Temperatur 35 bis 40 Minuten kochen lassen. Der Wildreis ist gar, wenn die Hälfte der Körner aufgeplatzt sind. Das Wasser ist dann auch verdampft.

Die Zwiebel abziehen und fein hacken, abgedeckt beiseite stellen.

Inzwischen den Schnittknoblauch waschen und in dünne Ringe schneiden. Die Chilischote aufschneiden, entkernen und in winzige Stücke schneiden. Den Knoblauch abziehen und zerdrücken. Estragonsenf mit Chilischote, Knoblauch und Joghurt verrühren. Den Schnittknoblauch unterrühren, mit Salz und Pfeffer würzen, kühl stellen.

Den Wildreis vom Herd nehmen. Sollte wider Erwarten noch Flüssigkeit vorhanden sein, diese abschütten. Den Wildreis in einer Schüssel mit Zwiebel und Ei vermischen. Mit Salz und Pfeffer würzen.

Das Öl in einer Pfanne erhitzen, die Butter zufügen. Jeweils einen gehäuften Esslöffel Wildreis in die Pfanne geben, flachdrücken und beidseitig etwa 3 Minuten braten.

Die Avocado schälen, aufschneiden, den Stein entfernen und die Frucht in längliche Scheiben schneiden. Die Wildreispuffer mit den Avocadoscheiben dekorativ auf Tellern anrichten und mit dem Dip servieren.

Algerische Schrotsuppe

Zutaten für 2 Portionen

- 200 g Lammfleisch ohne Knochen, Schulter oder Steaks
- 1 kleine Zwiebel
- 1 Knoblauchzehe
- 1 Möhre
- 2 Selleriestangen
- 2 EL Öl
- 100 g Weizenschrot
- 3/4 Liter Gemüsebrühe
- 1 EL Tomatenmark
- Salz
- frisch gemahlener schwarzer Pfeffer
- 1/2 TL Kurkuma
- 1/2 Bund frische Minze
- 1/2 Bund frischer Koriander
- 1/2 Zitrone

Das Lammfleisch in schmale Streifen schneiden. Die Zwiebel und die Knoblauchzehe abziehen. Die Zwiebel würfeln und die Knoblauchzehe zerdrücken. Das Gemüse waschen, trocken tupfen und in dünne Scheiben schneiden.

Das Öl in einem Topf erhitzen. Das Fleisch darin anbraten. Nach etwa 5 Minuten Zwiebel, Knoblauch und Gemüse zufügen, kurz weiter braten. Weizenschrot zufügen und noch einige Minuten durchrösten. Die Gemüsebrühe mit Tomatenmark verrühren und angießen. Mit Salz, Pfeffer und Kurkuma würzen. Bei mäßiger Temperatur etwa 35 Minuten garen.

Minze und Koriander waschen, trocken tupfen, die Blättchen von den Stielen zupfen und hacken.
Kurz vor dem Servieren mit Zitronensaft abschmecken und die Kräuter unterrühren.

Spiegeleier im Landbrot

Zutaten für 2 Portionen

- 2 Scheiben Landbrot
- 3 Eiertomaten
- 2–3 Zweige Basilikum
- 3 EL Olivenöl
- 2 Eier
- Salz
- frisch gemahlener schwarzer Pfeffer
- 2 EL frisch geriebener Parmesan oder Grana padano

Die Brotscheiben so ausschneiden, dass nur ein Rand von 1 bis 1,5 cm stehen bleibt. Die Tomaten und das Basilikum waschen. Die Tomaten in Scheiben schneiden. Die Basilikumblättchen von den Stielen zupfen.

Das Öl in einer möglichst Teflon beschichteten Pfanne erhitzen. Die Brotränder in die Pfanne legen. Die Eier aufschlagen und in die Aushöhlung gleiten lassen. Nach 2 bis 3 Minuten die Tomatenscheiben in die Pfanne geben. Die Eier braten, bis das Weiße des Eies fest ist. Mit Salz würzen. Die Tomaten mit Salz, Pfeffer und Käse bestreuen. Auf einem Teller mit Basilikumblättchen garniert anrichten.

Tipp: Die ausgelösten Brotstücke würfeln und in einem Gemisch aus Olivenöl und Butter goldgelb braten. Zu Suppen oder Salaten servieren.

Bulgur,

auch bulghur, burgul oder burghul genannt, zählt zu den orientalischen Grundnahrungsmitteln. Hergestellt wird er aus vorgegarten Hartweizenkörnern, die getrocknet, geschält und danach fein bis grob zerkleinert werden. In dieser Form ist er lange haltbar und vielseitig verwendbar, beispielsweise in Salaten wie tabbouleh, zu Gerichten mit Gemüse, Geflügel oder Lammfleischbällchen (kibbeh), aber auch als Beilage zu süßen Speisen oder zu diesem pikanten Pinienkern-Pilaw. .

Pinienkern-Pilaw

Zutaten für 2 Portionen

- 1 Zwiebel
- 1 Knoblauchzehe
- 2–3 Stangen Staudensellerie
- 1/2 rote Chilischote, frisch oder getrocknet
- 1 rote Paprikaschote
- 1 grüne Paprikaschote
- 4-5 EL Olivenöl
- je 2 Msp. Zimt, Kurkuma und Kreuzkümmel
- 1/8 Liter halbtrockener Weißwein
- 300 ml Gemüsebrühe
- Salz
- frisch gemahlener weißer Pfeffer
- 150 g Bulgur
- 80 g Pinienkerne
- 1 EL Honigsenf

Die Zwiebel und die Knoblauchzehe abziehen. Die Zwiebel würfeln und die Knoblauchzehe zerdrücken. Den Staudensellerie waschen und in kleine Stücke schneiden. Chili- und Paprikaschoten aufschneiden, entkernen und klein schneiden.

Das Öl in einem weiten Topf erhitzen. Die Zwiebel mit Gemüse bei mäßiger Temperatur andünsten. Knoblauch, Zimt, Kurkuma und Kreuzkümmel zufügen. Kurz durchdünsten und nach etwa 5 Minuten mit Wein und Brühe ablöschen. Salzen und pfeffern.

Bulgur in ein Sieb geben, abbrausen und zufügen, salzen und pfeffern. Abgedeckt bei mäßiger Temperatur 15 Minuten köcheln lassen.

Die Pinienkerne in einer trockenen Pfanne einige Minuten rösten, so dass sie goldgelb werden. Vorsicht vor dem Verbrennen.

Vor dem Servieren den Honigsenf unterrühren und mit Pinienkernen bestreut servieren.

Gefüllter Wolfsbarsch
in der Folie

Zutaten für 2 Portionen

- 1/2 Zitrone
- 2 küchenfertige Wolfsbarsche von je etwa 350 g
- gemischte Kräuter wie glattblättrige Petersilie, Kerbel, Basilikum, Salbei, Minze, so dass netto 15 g vorhanden sind
- nach Belieben 1 Knoblauchzehe
- 50 g Cashewnusskerne
- 30–35 ml Walnussöl
- Meersalz
- 1–2 EL Semmelbrösel
- frisch gemahlener weißer Pfeffer

- 1 TL Öl zum Bestreichen
- und außerdem Alufolie und Rouladennadeln oder Küchengarn

Den Saft der Zitrone auspressen. Die Wolfsbarsche waschen, trocken tupfen, mit Zitronensaft beträufeln und salzen.

Die Kräuter waschen, trocken schleudern, die Blättchen von den Stielen zupfen und hacken. Die Knoblauchzehe abziehen und zerdrücken. Die Cashewnusskerne mit Walnussöl und Meersalz im Mixer oder mit dem Schneidstab des Handrührers pürieren. Semmelbrösel zufügen und mit Salz und Pfeffer gut abschmecken.

Den Backofen auf 180 °C Ober- und Unterhitze vorheizen. 2 Stück Alufolie mit Öl bestreichen. Den Fisch mit der Nussmasse füllen und mit Rouladennadeln oder Küchengarn verschließen. Auf die Alufolie legen, gut verschließen und auf ein Backblech, 2. Einschubleiste von unten, für etwa 35 Minuten geben.

Tipp: Wer mag, kann dazu schwarz-weiße Nudelnester servieren.
Dazu werden helle und schwarze Nudeln (Fertigprodukt, das mit Tintenfischtinte gefärbt wurde) gekocht und als Nest umeinander geschlungen.

Als Dessert könnte folgende Grapefruit-Kokosnuss-Cremespeise serviert werden:

Grapefruit-Kokosnuss-Cremespeise

Zutaten für 2 Portionen

- 1 rosa Grapefruit, etwa 150 ml Saft
- 200 ml Kokosmilch, Dose
- 60 g brauner Rohrzucker
- 40 g Hartweizengrieß
- 1 EL Crème fraîche
- 1 EL gehackte Pistazien

Den Saft der Grapefruit auspressen. Zusammen mit Kokosnussmilch und braunem Zucker in einem Topf aufkochen lassen.

Den Hartweizengrieß einstreuen und unter Rühren bei mäßiger Temperatur aufkochen. 5 bis 10 Minuten ausquellen lassen.

Nachdem die Speise etwas abgekühlt ist, die Crème fraîche unterziehen, in Glaskelche füllen und mit Pistazien bestreut gekühlt servieren.

Cashewnüsse,

Acaju, Elefantenlaus sind die Fruchtkerne des Nierenbaumes. Die ursprüngliche Heimat ist Brasilien, doch werden sie heute, außer in Südamerika, auch in Westindien, Ägypten, Kongo, Hawaii und Südostasien angebaut. Die weißen, gerösteten Kerne schmecken leicht süß und mandelartig. Im ganzen, grob oder fein gehackt beziehungsweise gemahlen, schmecken sie sehr gut zu asiatischen Gerichten, passen aber auch gut zu Salaten, Suppen, Eintöpfen, Desserts, Gebäck und besonders zu diesem Fischgericht.

Tipp: Cashewnusskerne sind leicht verderblich und sollten in einer fest verschlossenen Dose oder Glas im Kühlschrank aufbewahrt werden.

Reis mit Nüssen
und Hähnchenleber

Zutaten für 2 Portionen

- 25 g Mandeln
- 20 g Walnusskerne
- 150 g Hähnchenleber
- 100 g Hähnchenherzen
- 1-2 EL Erdnussöl
- 20 g Butter
- 20 g Pinienkerne
- 20 g Rosinen
- 100 g Reis
- etwa 1/4 Liter Geflügelbrühe
- Salz
- frisch gemahlener Pfeffer
- 1–2 TL Baharat (Gewürzmischung)

Die Mandeln überbrühen, häuten und, wie die Walnusskerne, hacken. Geflügelleber und -herzen von Sehnen befreien und in kleine Stücke schneiden.

Das Erdnussöl in einer tiefen Pfanne erhitzen und die Butter zugeben. Mandeln, Walnüsse und Pinienkerne darin leicht anbraten. Die Rosinen zufügen. Nach einigen Minuten alles mit einem Schaumlöffel heraus nehmen. Nun Leber und Herz darin leicht braten und ebenfalls heraus nehmen. Den Reis einstreuen und andünsten.

Mit der Brühe ablöschen, salzen, pfeffern und mit der Gewürzmischung abschmecken.

Die Hälfte der Nussmischung und der Rosinen zufügen. Den Reis bei mäßiger Temperatur etwa 20 Minuten garen.

Den Reis auf eine vorgewärmte Platte geben und mit den restlichen Nüssen, Mandeln, Pinienkernen sowie Rosinen bestreuen. Die Leber und Herzen darauf verteilen.

Tipp: Baharat ist eine arabische Gewürzmischung für viele Gerichte, besonders zu Lamm, die aus Paprikapulver, Chilipulver, schwarzem Pfeffer, Koriander, Nelken, Zimt, Kardamom, Muskat und Piment bereitet wird. Baharat oder auch Boharat ist als Fertigmischung in einschlägigen orientalischen Geschäften erhältlich.

5. Kleine Einladung zum Abendessen

Kichererbsen-Mandelpaste

Zutaten für 4 Portionen

- 300 g Kichererbsen
- nach Belieben 3 Knoblauchzehen
- 2 Lorbeerblätter
- 1 großes Bund frische Minze, etwa 50–60 g
- 100 g gemahlene Mandeln
- 3–4 EL Olivenöl
- Salz
- frisch gemahlener schwarzer Pfeffer
- Etwa 1 TL Kreuzkümmel

Die Kichererbsen über Nacht in kaltem Wasser einweichen. Am nächsten Tag mit frischem kalten Wasser aufsetzen. Die Knoblauchzehen abziehen. Eine Knoblauchzehe mit den Lorbeerblättern zufügen und etwa 45 Minuten kochen lassen. Den Schaum am Anfang abschöpfen. Die Kichererbsen sollten weich sein, jedoch noch Biss haben. Die Kochzeit richtet sich nach Sorte und Alter der Kichererbsen.

Die Kichererbsen abgießen, das Kochwasser aufbewahren. Die Kichererbsen pürieren und erkalten lassen. Die Minze waschen, trocken tupfen, die Blättchen von den Stielen zupfen und hacken, einige Blättchen für die Garnitur zurück behalten. Die restlichen 2 Knoblauchzehen zerdrücken. Kichererbsenpüree mit Mandeln, Olivenöl, Minze 150 bis 175 ml Kochbrühe und Knoblauchzehen vermischen. Mit Salz, Pfeffer und Kreuzkümmel gut abschmecken. Eventuell noch etwas Kochbrühe nachgießen. Die Paste sollte nicht zu flüssig sein.

Mit Minzblättchen garniert beispielsweise zu Selleriestangen, Kohlrabi, Chicorée oder Möhrenrohkost servieren.

Knoblauch-Dip
mit Pinienkernen

Zutaten für 4 Portionen

- 3 Scheiben Weißbrot oder 1 Brötchen, 60 g
- 1 Bund frische Minze
- 5 Knoblauchzehen, möglichst frische
- 1/2–1 unbehandelte Limette
- 80 g Pinienkerne
- 6 EL Weizenkeimöl, ersatzweise Olivenöl
- Salz
- frisch gemahlener schwarzer Pfeffer

Das Weißbrot oder Brötchen mit kochendem Wasser übergießen. Die Minze waschen, trocken tupfen, die Blättchen von den Stielen zupfen und hacken. Die Knoblauchzehen abziehen und zerdrücken. Etwas Schale der Limette abreiben und den Saft auspressen. Die Pinienkerne hacken.

Alle Zutaten in einer Schüssel vermischen. Das Weizenkeimöl zufügen. Mit Salz und Pfeffer würzen.

Tipp: Nach Belieben Pumpernickel dazu reichen.

Mini-Reis-Fleischbällchen

Zutaten für 6 Portionen

- 75 g Thailändischer Jasminreis
- Salz
- 100 g Mozzarella
- 1 kleine Zwiebel
- 1 Knoblauchzehe
- gemischte Kräuter wie glattblättrige Petersilie, Minze, Kerbel, Salbei oder auch nur Petersilie (nach dem Putzen sollten es 2 EL gehackte Kräuter sein)
- 250 g Hackfleisch, halb Rind, halb Schwein
- 2 Eier
- 4 TL Mehl
- Salz
- frisch gemahlener Pfeffer
- 1/2 TL Piment
- 1 TL Paprikapulver, edelsüß
- 1/2–1 TL gemahlener Kreuzkümmel
- abgeriebene Muskatnuss
- 1 Liter Gemüsebrühe
- 1/2 TL Safranfäden

- Nach Belieben 15–20 Physalis

300 ml Wasser zum Kochen bringen, salzen, den Reis hineinschütten, einmal durchheben und abgedeckt ohne weiteres Umrühren etwa 10 Minuten bei mäßiger Temperatur garen. Die Flüssigkeit sollte verkocht sein. Den Reis etwas abkühlen lassen.

Inzwischen den Mozzarella in winzige Stücke schneiden. Die Zwiebel und die Knoblauchzehe abziehen. Die Zwiebel fein hacken und die Knoblauchzehe zerdrücken. Die Kräuter waschen, trocken tupfen, die Blättchen von den Stielen zupfen und hacken.

Hackfleisch mit Reis, Mozzarella, Zwiebel, Knoblauch, Kräutern, Eiern, Mehl und Gewürzen vermischen. Abgedeckt gekühlt 15 Minuten stehen lassen.

Die Gemüsebrühe mit Safran aufkochen. Aus dem Fleisch-Reis-Teig etwa walnussgroße Bällchen formen. In der Brühe etwa 10 Minuten bei mäßiger Temperatur garziehen lassen.

Tipp: Diese mundgerechten Bällchen eignen sich ausgezeichnet als kleine Begleiter zu einem Glas Sekt. Nach Belieben auf Zahnstocher stecken und mit einer halben Physalis versehen.
Gekochte Reisreste lassen sich auf diese Weise sehr gut verarbeiten. Dann sollten es 225 g gegarter Reis sein. Alternativ können unter die Hackfleisch-Reismasse auch 2 EL Baharat (Seite 105) gemischt werden, sehr kleine Frikadellen geformt und in Erdnussöl gebraten werden. Auf Küchenpapier abtropfen lassen und auf Salatblättern mit einem Dip servieren.

Für den Dip: 1 kleine rote Chilischote aufschneiden, von Samen befreien und hacken. Mit 1 Bund frischem gehacktem Koriander, 250 g Joghurt, 1 EL Sesamöl und 5 EL Sojasauce verrühren. Mit Salz und Pfeffer abschmecken.

Strudel mit Quinoa und Parmesan

Zutaten für 4 Portionen

- Salz
- 60 g Quinoa
- 150–160 g Blätterteig, TK-Produkt
- etwa 40 g Salbei, netto 10 g
- 50 g Parmesan
- 40 g gemahlene Haselnüsse
- 1 Ei
- frisch gemahlener Pfeffer
- 10 g Butter für das Blech
- 1 Eigelb und 1 EL Milch zum Bestreichen sowie Backpapier

350 ml Wasser zum Kochen bringen und salzen. Quinoa heiß waschen und im Sieb abtropfen lassen. Unter Rühren in das Wasser schütten, einmal umrühren und abgedeckt bei mäßiger Temperatur 18 bis 20 Minuten kochen. Vom Herd nehmen und ausquellen lassen. Das Wasser ist danach verkocht.

Den Blätterteig aus dem Tiefkühlfach nehmen und auftauen lassen.

Inzwischen den Salbei waschen, trocken tupfen, die Blättchen von den Stielen zupfen und hacken. Den Parmesan reiben.

Den Backofen auf 200 °C Ober- und Unterhitze vorheizen. Ein Backblech mit Butter ausstreichen.

Quinoa, Salbei, Parmesan, Haselnüsse und Ei verrühren. Gut mit Salz und Pfefer würzen.

Den Blätterteig auf Backpapier zu einer Platte von 20 x 28 cm ausrollen. Die Füllmasse darauf streichen und aufrollen. Die Nahtstelle sollte unten sein. Eigelb und Milch verrühren, den Strudel damit bestreichen. Für 35 bis 38 Minuten in den Backofen geben, bis er goldgelb ist.

Quinoa,

auch Ketchua, Inkaweizen ist botanisch gesehen kein Getreide sondern ein Gänsefußgewächs. Ursprünglich wurde er in den Anden in Höhenlagen über 3000 Metern kultiviert. Die Samenkörner wurden von den Azteken und Inkas Mittel- und Südamerikas als nährstoffreiches Nahrungsmittel geschätzt: So wie heute Weizen, denn Quinoa ist reich an Eisen, Magnesium, Kupfer, Zink, Phosphor sowie Vitaminen. Deshalb wird der Anbau nach wie vor in Süd- und Mittel-, vor allem in Nordamerika betrieben. Die Samenkörner werden von Naturkostläden und Reformhäusern als ganze Körner oder als Flocken angeboten. Sie lassen sich wie Reis verwenden – gegart als Brei oder als Beilage für Salate und diverser Füllungen. Quinoamehl muss wegen des geringen Glutenanteils mit anderen Mehlsorten zum Backen gemischt werden.

Tipp: Quinoa sollte in einem geschlossenen Behälter kühl und trocken aufbewahrt werden.

Tomatenquiche mit provenzalischem Senf

Zutaten für 1 Quicheform von 24 cm Durchmesser

Für den Teig:

- 125 g Weizenmehl, speziell für Hefegebäck und Strudelmehl
- 75 g Kichererbsenmehl
- 50 g Butter
- 25 g Hefe
- 1 Ei
- 1 TL Kurkuma
- Salz

Für den Belag:

- 1 Bund glattblättrige Petersilie, nach dem Putzen sollten es etwa 35 g sein
- 2 Knoblauchzehen
- 2 Eier
- 100 ml Sahne
- 100–125 g Crème fraîche
- 2 EL provenzalischer Senf
- 20 g Semmelbrösel
- Salz
- frisch gemahlener schwarzer Pfeffer
- 3–4 Tomaten

- Butter und Mehl für die Form
- 1 EL Semmelbrösel für den Teig

Mehl und Kichererbsenmehl mischen. Die Butter in Flöckchen schneiden und mit Hefe, Ei und dem in Wasser aufgelösten Kurkuma und Salz zu einem Teig verarbeiten. Abgedeckt 30 bis 40 Minuten ruhen lassen.

Inzwischen die Petersilie waschen, trocken tupfen, die Blättchen von den Stielen zupfen und hacken. Den Knoblauch abziehen und zerdrücken. Eier, Sahne, Crème fraîche, Knoblauch, Senf und Semmelbrösel verrühren. Mit Salz und Pfeffer gut abschmecken. Die Tomaten waschen, vom Blütensatz befreien und in Scheiben schneiden.

Die Quicheform mit Butter einfetten, mit Mehl bestäuben; überschüssiges Mehl ausklopfen.

Den Teig ausrollen und in die Form geben. Einen Rand hochziehen. Den Teig 15 Minuten in der Form ruhen lassen, dann mit Semmelbröseln bestreuen. Den Backofen auf 200 °C Ober- und Unterhitze vorheizen.

Die Tomaten auf den Teig verteilen und mit der Eier-Sahne-Masse bedecken. In den Backofen für etwa 35 bis 40 Minuten stellen.

Buchweizen-Kürbis-Quiche

Zutaten für 1 Quicheform von 24 cm Durchmesser

Für den Mürbeteig:

- 100 g Buchweizenmehl
- 100 g Weizenmehl
- 100 g Butter
- 1 Ei
- etwa 3 EL kaltes Wasser
- Salz

Für den Belag:

- 10 g getrocknete Steinpilze
- 1 Zwiebel
- 400 g Kürbis, nach dem Putzen sollten es 300 g Fruchtfleisch sein
- 1/2 Stange Lauch, nur das Weiße
- 1/2 Bund glattblättrige Petersilie
- 3 EL Öl
- 25 g Butter
- 2 Eier
- 2 TL Speisestärke
- 125 ml Crème fraîche
- Salz
- frisch gemahlener Pfeffer
- 1/2 TL Piment
- 2 Msp. Macis

- Butter und Mehl für die Form
- Hülsenfrüchte zum Blindbacken

Die beiden Mehlsorten mischen und mit Butter, Ei, Wasser und Salz schnell zu einem Teig verkneten. In Klarsichtfolie wickeln und für etwa 1 Stunde in den Kühlschrank legen.

Inzwischen die getrockneten Steinpilze mit 150 ml kochendem Wasser übergießen. Die Zwiebel abziehen und fein würfeln. Den Kürbis schälen, von Kernen und Fasern befreien und in Stücke schneiden. Den Lauch gründlich waschen und in Scheiben schneiden. Die Petersilie waschen, trocken tupfen, die Blättchen von den Stielen zupfen und hacken.

Das Öl in einem weiten Topf erhitzen. Die Butter zufügen. Die Zwiebel und den Kürbis darin andünsten. Den Lauch zufügen und weiterdünsten. Nach etwa 10 Minuten das Einweichwasser der Pilze angießen und abgedeckt bei mäßiger Temperatur noch etwa 15 Minuten kochen lassen. Die Flüssigkeit sollte verkocht sein. Das Kürbisfleisch pürieren.

Die Pilze klein schneiden und mit Kürbispüree, Petersilie, Eiern, Speisestärke und Crème fraîche verrühren. Mit Salz, Pfeffer, Piment und Macis gut würzen.

Den Backofen auf 200 °C Ober- und Unterhitze vorheizen. Die Quicheform mit Butter einfetten und Mehl bestäuben, überflüssiges Mehl wieder ausklopfen. Den Teig ausrollen. Das geht am besten zwischen zwei Klarsichtfolien und in die Form geben und einen Rand hochziehen. Mit einer Gabel mehrfach einstechen, Backpapier darauf legen und die Hülsenfrüchte einfüllen. 12 Minuten auf der 2. Einschubleiste von unten backen. Die Hülsenfrüchte und das Backpapier entfernen und noch weitere 6 Minuten backen.

Die Form herausnehmen, die Kürbismasse darauf streichen, den Backofen auf 195 °C herunterschalten und erneut in den Backofen schieben. Für etwa 30 Minuten backen, bis der Belag fest geworden ist.

Lachs-Sauerkraut-Quiche

Zutaten für 1 Quicheform von 24 cm Durchmesser

Für den Teig:
- 120 g Vollkorngerstenmehl
- 80 g Weizenmehl, Type 405
- 2 TL Backpulver
- 75 g Quark
- 1 Ei
- 3 EL Öl
- Salz
- etwa 1 EL Milch

Für den Belag:
- 350–400 g Sauerkraut ersatzweise 1 kleine Dose (In diesem Fall braucht das Sauerkraut nicht mehr gekocht zu werden.)
- 1 Zwiebel
- 1 EL Öl
- 20 g Butter
- 1/4 Liter trockener Weißwein
- 4–5 Wacholderbeeren
- 175–200 g geräucherter Lachs
- 150 g Crème fraîche
- 150 ml süße Sahne
- 2 Eier
- 1 EL Honigsenf
- Salz
- frisch gemahlener schwarzer Pfeffer

- 10 g Butter und 10 g Mehl für die Form

Zunächst das Sauerkraut etwas klein schneiden. Die Zwiebel abziehen und würfeln. Das Öl in einem weiten Topf erhitzen. Die Butter zufügen. Die Zwiebel leicht glasig dünsten. Das Sauerkraut zufügen, einige Minuten weiterdünsten und mit dem Wein ablöschen. Die Wacholderbeeren hineingeben und bei mäßiger Temperatur etwa 30 Minuten garen, bis das Sauerkraut weich ist. Die Flüssigkeit sollte verkocht sein. Vom Herd nehmen und abkühlen lassen.

Inzwischen den Teig zubereiten. Vollkorngerstenmehl, Weizenmehl und Backpulver in einer Schüssel mischen. Quark, Ei, Öl und Salz zufügen und schnell zu einem Teig verarbeiten. Bei Bedarf noch die Milch zufügen.

Die Quicheform mit Butter einfetten und Mehl bestäuben; überschüssiges Mehl wieder ausklopfen. Den Teig ausrollen und in die Form geben. Einen Rand hoch drücken. Den Backofen auf 190 °C Ober- und Unterhitze vorheizen.

Den Lachs in kleine Streifen oder Stücke schneiden. Crème fraîche, Sahne und Eier verrühren. Mit Honigsenf, Salz und Pfeffer würzen.

Das Sauerkraut ohne Flüssigkeit auf den Teigboden verteilen und mit der Sahnemischung begießen. In den Backofen für etwa 40 Minuten stellen.

Tipp: Diese Quiche kann heiß, warm oder kalt serviert werden. Sie eignet sich vorzüglich für Einladungen, da sie am Tag vorher zubereitet werden kann und besonders saftig schmeckt.

Maronen,

Edelkastanien oder Esskastanien genannt, gedeihen in gemäßigten Klimazonen, wie in Italien, Frankreich, Spanien und Portugal, aber auch in Süddeutschland. Die Früchte werden frisch von Ende September bis Anfang Februar auf dem Markt angeboten, häufig auch geschält und Vakuum verpackt sowie in Dosen im Ganzen oder als Püree. Die Schale frischer Maronen wird kreuzweise eingeschnitten, bevor man sie in kochendem Wasser oder im Backofen gart. Danach lassen sich Schale und Haut leicht abziehen. Der helle, weiße Kern mit seinem nussigen Aroma schmeckt besonders, wenn es draußen kalt ist. Das Mark von mild-süßlichem Geschmack kann eingelegt oder zu Püree verarbeitet werden. Es eignet sich sehr gut zur Bereitung interessanter Kuchen und Torten. In diesem Gericht gehen Maronen mit den Walnüssen eine harmonische Verbindung ein.

Maronen-Walnussbraten
mit Pilzen und Safransauce

Zutaten für 4–6 Portionen

- 1 1/2 Zwiebeln, 160 g
- 3 Knoblauchzehen
- 400 g braune Champignons
- 100 g Walnusskerne
- 200 g gegarte Maronen, Vakuum verpackt
- 3 EL Walnuss- oder Olivenöl
- 25 g Butter
- 3 Eier
- 50 g Mehl
- Salz
- frisch gemahlener schwarzer Pfeffer

Für die Safransauce:

- 300 ml Sahne
- 100 ml Sekt
- 1/2 TL Safranfäden
- Salz
- frisch gemahlener weißer Pfeffer

- 10 g Butter
- 10 g Mehl für die Form

Die Zwiebeln und die Knoblauchzehen abziehen. Die Zwiebeln würfeln und die Knoblauchzehen zerdrücken. Die Champignons putzen und klein schneiden. Die Walnusskerne hacken. Die Maronen klein schneiden.

Eine Königskuchenform (Kastenform) mit Butter einstreichen und Mehl ausstäuben. Den Backofen auf 190 °C vorheizen.

Das Öl in einer Pfanne erhitzen. Die Butter zufügen. Die Champignons darin einige Minuten leicht anbraten. Die Zwiebeln und die Knoblauchzehen zufügen, etwa 3 Minuten weiter braten. Vom Herd nehmen und in eine Schüssel geben. Walnüsse, Maronen, Eier und Mehl zufügen. Mit Salz sowie Pfeffer gut würzen und in die Form geben. Im Backofen auf der 2. Einschubleiste von unten etwa 35 Minuten backen.

Für die Safransauce die Sahne auf die Hälfte einkochen. Den Sekt angießen. Den Safran zerkrümeln und zufügen. Mit Salz und Pfeffer würzen. Einige Minuten köcheln lassen und zu dem Maronen-Walnussbraten servieren.

Fleischpastete mit Kräutern der Provence

Zutaten für 1 Quicheform von 26 cm Durchmesser

Für den Teig:
- 125 g Roggenvollkornmehl
- 125 g Weizenvollkornmehl
- 1 Ei
- 2 EL Crème fraîche
- 2 EL Milch
- 30 g Hefe

Für die Füllung:
- 700 g Schweinefleisch aus der Oberschale
- 2 Zwiebeln
- 1-2 Möhren
- 5–6 getrocknete in Öl eingelegte Tomaten (Glas)
- 2–3 Zweige frischer Salbei
- 4 EL Olivenöl
- Salz
- frisch gemahlener schwarzer Pfeffer
- 1 1/2-2 TL getrocknete Kräuter der Provence
- 3–4 Eier
- 3–4 EL Crème fraîche

- 10 g Butter und 10 g Mehl für die Form

Die beiden Mehlsorten mischen und mit Ei, Crème fraîche, Milch und Hefe schnell zu einem Teig verarbeiten. Abgedeckt 30 bis 40 Minuten ruhen lassen.

Währenddessen das Schweinefleisch von Sehnen befreien und in kleine Würfel schneiden. Die Zwiebeln abziehen und hacken. Die Möhren waschen, schaben und in kleine Stücke schneiden. Die in Öl eingelegten Tomaten abtropfen lassen und sehr klein schneiden. Den Salbei waschen, trocken tupfen, die Blättchen von den Stielen zupfen und hacken.

Das Olivenöl erhitzen. Das Schweinefleisch in einer Pfanne oder weitem Topf bei starker Hitze von allen Seiten anbraten. Nach 8 bis 10 Minuten die Zwiebeln und die Möhren zufügen. Nach weiteren 5 Minuten die Tomaten hineingeben und mit Salz und Pfeffer würzen. Nach weiteren 5 Minuten vom Herd nehmen und etwas abkühlen lassen.

Inzwischen die Quicheform mit Butter einfetten und Mehl bestäuben; überflüssiges Mehl wieder ausklopfen. Den Backofen auf 195 °C Ober- und Unterhitze vorheizen.

Den Teig am besten zwischen Klarsichtfolie ausrollen, in die Form geben, einen Rand hochziehen und andrücken. Dazu wird etwa 2/3 des Teiges benötigt. 5 bis 10 Minuten ruhen lassen. Den restlichen Teig ausrollen und in Streifen schneiden.

Eier, Crème fraîche und Salbei zu dem Fleisch geben. Gut mit Salz, Pfeffer und Kräutern der Provence würzen und auf die Teigplatte füllen.

Aus den Teigstreifen ein dichtes Gitter auf die Fleischmasse legen und in den vorgeheizten Backofen für 35 bis 40 Minuten stellen.

Tipp: Diese Fleischpastete lässt sich gut im Voraus zubereiten und kann heiß, lauwarm oder kalt serviert werden. Mit einem leichten Rotwein oder auch einem Bier mundet sie besonders gut.
Alternativ können unter den Teig auch klein gehackte Salbeiblätter, die vorher kurz mit Olivenöl übergossen wurden, geknetet werden. Aus dem Teig lassen sich auch kleine runde Brötchen formen, diese mit Wasser bestreichen und in den vorgeheizten Backofen für etwa 30 Minuten geben.

Brasilianischer Fischeintopf

Zutaten für 4 Portionen

- 1/2 Zitrone
- 2–3 Knoblauchzehen
- 800 g Fischfilet wie Rotbarsch, Goldbrasse oder Thunfisch
- Salz
- 100 g getrocknete Garnelen
- 3 Tomaten
- 2 Zwiebeln
- 100 g Mandeln
- 100 g Cashewnusskerne
- 400 ml Kokosmilch (Dose)
- frisch gemahlener Pfeffer
- 4 EL Olivenöl
- 200 g frische küchenfertige Garnelen, ersatzweise TK-Ware
- 2 EL Dendé-Palmöl, falls vorhanden

Die Zitrone auspressen. Den Knoblauch abziehen und zerdrücken. Das Fischfilet abspülen, trocken tupfen, mit Zitronensaft beträufeln und salzen. Mit der Hälfte des Knoblauchs bestreichen. Abgedeckt ruhen lassen.

Die getrockneten Garnelen mit 1/2 Liter Wasser aufsetzen und 4 bis 5 Minuten bei mäßiger Temperatur kochen lassen, vom Herd nehmen. Die Tomaten überbrühen, häuten und hacken. Die Zwiebeln abziehen und klein schneiden. Die Mandeln überbrühen und häuten. Zusammen mit Cashewnusskernen, Zwiebeln, getrockneten Garnelen und Garnelenbrühe im Mixer pürieren. Diese Masse mit der Kokosmilch in eine tiefe Pfanne geben und mit den Tomaten etwa 10 Minuten bei mäßiger Temperatur kochen lassen.

Das Fischfilet in mundgerechte Stücke schneiden, zufügen und je nach Fischart etwa 5 Minuten ziehen lassen, salzen und pfeffern.

Das Olivenöl in einer kleinen Pfanne erhitzen und die frischen Garnelen darin 2 Minuten braten. Den restlichen Knoblauch zufügen, kurz durchschwenken und vom Herd nehmen. Die Garnelen samt Bratöl in die Fischpfanne geben, ebenso das Dendé-Palmöl und 2 bis 3 Minuten ziehen lassen. Mit Kokosreis servieren.

Mandel-Grießflammerie
mit Safran-Orangenkaramell

Zutaten für 4 Portionen

- 1/2 Vanilleschote
- 1/2 Liter Milch
- 1 Stück unbehandelte Zitronenschale
- 25 g Zucker
- 20 g Butter
- 50 g gemahlene Mandeln
- 50 g Hartweizengrieß
- 1 Ei
- 1 Msp. Salz
- Butter für die Form

Für den Safran-Orangenkaramell:

- 8–10 Safranfäden
- 120 g brauner Rohrzucker
- 300 ml frisch gepresster Orangensaft

Die Vanilleschote aufschneiden. Das Mark herauskratzen . Mark und Schote mit der Milch in einen Topf geben. Zitronenschale, Zucker und Butter zufügen und zum Kochen bringen. Vanilleschote und Zitronenschale herausnehmen. Gemahlene Mandeln und Hartweizengrieß hineinstreuen, unter Rühren 5 bis 6 Minuten bei mäßiger Temperatur kochen lassen und vom Herd nehmen .

Das Ei trennen. Das Eiweiß mit Salz steif schlagen. Das Eigelb in die etwas abgekühlte Grießmasse rühren und den Eischnee unterziehen.

Eine Schüssel oder 4 kleine Förmchen, auch Tassen, gut mit Butter ausstreichen. Die Mandel-Grießmasse einfüllen und für einige Stunden in den Kühlschrank stellen.

Für den Safran-Orangenkaramell die Safranfäden zerkleinern und mit 2 Esslöffeln heißem Wasser übergießen. Den braunen Rohrzucker in einem Topf karamellisieren lassen und mit dem Orangensaft ablöschen. 5 bis 8 Minuten einkochen, dann den Safran zufügen. Weitere 2 Minuten köcheln lassen, bis eine sirupartige Konsistenz entsteht.

Den Flammeri auf eine Platte stürzen. Mit dem Safran-Orangenkaramell begießen.

Tipp: Anstelle des Safran-Orangenkaramell eine Fruchtsauce herstellen. Dazu 400 g Erdbeeren mit 200 g Himbeeren, etwa 40 g Puderzucker und dem Saft 1/2 Limette pürieren. Nach Belieben durch ein Sieb streichen. Die Puderzuckermenge richtet sich nach der Süße der Früchte. Für Erwachsene kann mit 2 Esslöffeln Orangenlikör oder Himbeergeist aromatisiert werden.

Rezeptregister

Getreide und Nüsse

Lieferanten für Getreide und Nüsse

geordnet nach Postleitzahlen

Deutschland

Kormoran Naturwaren
Neuenburgerstraße 13
D-10969 Berlin
Tel.: +49 (0)30/2 51 04 96
info@
kormorannaturwaren.de
www.
kormorannaturwaren.de

Neuform International
Ernst-Litfaß-Straße 16
D-19246 Zarrentin
Tel.: +49 (0) 38 85 15 10
neuform-international@
neuform.de
www.neuform-
international.de

Naturkost Nord
Billhorner Röhrendamm 16
D-20539 Hamburg
Tel.: +49 (0)40/78 08 61 10
info@ naturkost-nord.de
www.naturkost-nord.de

Öko-Korn Nord w. V.
Wulfsoder Weg 5
D-21386 Betzendorf
Tel.: +49 (0) 41 38/5 10 60

Bio-Produkt Nord-Ost OHG
Rendsburger Straße 8
D-24534 Neumünster
Tel.: +49 (0) 43 21/95 27 35
ohg@ bio-produkt.de
www.bio-produkt.de

Herbert Kluth (GmbH & Co.KG)
Heidekoppel 31
D-24558 Henstedt-Ulzburg
Tel.: +49 (0) 41 93/96 62-0
info@ kluth.com
www.kluth.com

Bohlsener Mühle
Mühlenstraße 1
D-29581 Bohlsen
Tel.: +49 (0) 58 08/98 70
info@ bohlsener-muehle.de
www.bohlsener-muehle.de

Bioland Markt GmbH Mitte
Londorfer Straße 28
D-35305 Grünberg
Tel.: +49 (0) 64 01/91 70-16
a.banaschewski@
bioland-mitte.de

Naturkost Elkershausen GmbH
Levinstraße 9
D-37079 Göttingen
Tel.: +49 (0)5 51/50 66 10
info@ naturkost-
elkershausen.de
www.naturkost-
elkershausen.de

Naturkost West GmbH
Beckerfelder Straße 75
D-47269 Duisburg
Tel.: +49 (0)2 03/71 03 70
info@ naturkost-west.de
www.naturkost-west.de

Davert GmbH
Ascheberger Straße 2
D-48308 Senden
Tel.: +49 (0) 25 98/6 99 04
info@ davert.de
www.davert.de

Mosenmühle, Naturkost – Mühlenladen
D-56656 Brohl-Lützig
Tel.: +49 (0) 26 33/15 13

Dennree
Hofer Straße 11
D-59183 Töpen
Tel.: +49 (0) 92 95/1 81 42
zentrale@ dennree.de
www.dennree.de

Stirper Mühle
Am Mühlenwall 11
D-59597 Erwitte-Stirpe
Tel.: +49 (0) 29 43/22 39
StirperMuehle@ t-online.de
www.StirperMuehle.de

Original Kamut
Oeder Weg 128
D-60318 Frankfurt
Tel.: +49 (0)69/90 55 51 94
kamut-info@ freenet.de

Phönix Naturprodukte GmbH
Siemensstraße 3
D-61191 Rosbach
Tel.: +49 (0) 60 03/91 29 24
phoenix@
phoenix-naturkost.de
www.phoenix-naturkost.de

Alnatura GmbH, Biolandbau
Darmstädter Straße 63
D-64404 Bickenbach
Tel.: +49 (0) 62 57/9 32 20
info@ alnatura.de
www.alnatura.de

Gebr. Franz GmbH Naturwarenhandel
Pavillonstraße 45
D-66740 Saarlouis
Telefon:
+49 (0) 68 31/4 87 70 60
gregor@ gebrfranz.de
www.gebrfranz.de

EZG Bioland-Südgetreide
Tonmühle
D-71254 Ditzingen
Tel.: +49 (0) 71 56/83 26

Claus Reformwaren-vertriebs GmbH
Kiefernstraße 11
D-76532 Baden-Baden
Tel.: +49 (0) 72 21/50 96 13
clausGmbH@ aol.com
www.reformwaren.de/claus

Rinklin Naturkost GmbH
Bruckmattenstraße 18
D-79356 Eichstetten
Tel.: +49 (0) 76 63/9 39 40
rinklin-naturkost@
t-online.de
www.rinklin-naturkost.de

Meyermühle
Hammerstraße 1
D-84003 Landshut
Tel.: +49 (0)8 71/60 70
info@ meyermuehle.de
www.biomehl.de

Bioland Markt GmbH
Auf dem Kreuz 58
D-86152 Augsburg
Tel: +49 (0) 821/34 68 01 40
info@ bioland-markt.de
www.bioland-markt.de

ISIS Organic – Herbert Lulay
Am Kapf 9
D-87480 Weitnau-Hofen
Tel.: +49 (0) 83 75/92 18 80
info@ isisorganic.de
www.isisorganic.de

Rapunzel Naturkost AG
Haldergasse 9
D-87764 Legau
Tel.: +49 (0) 83 30/91 00
info@ rapunzel.de
www.rapunzel.de

Zaich & Woar Naturwaren GmbH
Lübener Straße 13
D-90471 Nürnberg
Tel.: +49 (0)9 11/98 99 60
Zaich@ t-online.de

Gailersreuther Mühle
Gailersreuth 5
D-92685 Floß
Tel.: +49 (0) 96 03/3 53
gmeierhoefer@ t-online.de

Ökofranken eG
Hauptstr. 47
D-96250 Ebensfeld
Tel.: +49 (0)9 73/3 15 44
oekofranken@ t-online.de

Österreich

AL Naturkost Handels GmbH
Jahnstrasse 1
A–8280 Fürstenfeld
Telefon:
+43 (0) 33 82/5 43 77 10

Rosenbergermühle
Mühlenstraße 2
A-3314 Strengberg
Tel.: +49 (0) 74 32/24 63
biomuhle.rosenberger@
mostviertel.com
www.mostviertel.com/
rosenberger

Mühle Kianek
A-2083 Pleissing
Tel.: +43 (0) 29 48 83 01
muehle-kianek@ mehl.at
www.mehl.at/mehl

Schweiz

Emmental-Mühle Wüthrich
Gewerbestrasse 11
CH-3535 Schüpbach
Tel.: +41 (0) 34 49/7 13 52
geruw@ bluewin.ch

Getreidemühlen / -quetschen

Messerschmidt Hausgeräte GmbH
Ortinstr. 5
D-78126 Königsfeld-Erdmannsweiler
Tel.: +49 (0) 77 25/30 65
info@ kornmeister.de
www.kornmeister.de

Karl-Heinz Häussler GmbH
In der Vorstadt
D-88499 Heiligkreuztal
Tel.: +49 (0) 73 71/93 77-0
info@ haeussler-gmb.de
www.haeussler-gmbh.de

hawos kornmühlen GmbH
Ober-Eschbacher-Str. 37
D-61352 Bad Homburg
Tel.: +49 (0) 61 72/40 12 00
info@ hawos.de
www.hawos.de

getreidemuehlen.de Regenbogen Naturkost
Gutenbergplatz 54
D-59821 Arnsberg
Tel.: +49 (0) 29 31/2 14 55
www.getreidemuehlen.de

Eschenfelder Kornquetschen
Turnstraße 30
D-76846 Hauenstein
Tel.: +49 (0) 63 92/71 19
service@ eschenfelder.de
www.eschenfelder.de

TOP-Emma® Getreidemühlen
Am Roßberg 9
D-86637 Wertingen
Tel.: + 49 (0) 8272/6362
info@ top-emma.de
www.
top-getreidemuehlen.de

Impressum

Gestaltung und Satz
boening design, Frankfurt/Main

Foodfotografie
boening design, Frankfurt/Main

Bildnachweis
- Irisblende.de
  auf den Seiten 6 (2), 7, 46, 47, 58, 68 (2), 69, 84 (2), 85, 94, 101, 106 (oben), 107 (unten);
- ©Turespaña auf den Seiten 29, 71, 106 (unten);
- Touristik Service Dinkelsbühl auf der Seite 39;
- TLC Fotostudio GmbH, Luis Bisshops auf den Seiten 107 (oben), 121;
- Renate Kissel auf Seite 114;

Druck und Verarbeitung
Druckkollektiv GmbH, Gießen

Printed in Germany
ISBN 3-86528-234-2

Besuchen Sie uns im Internet
www.umschau-buchverlag.de